U0840152

走近澳新

澳大利亚、新西兰高等教育考察记

张齐政◎著

中国文史出版社

图书在版编目（CIP）数据

走近澳新：澳大利亚、新西兰高等教育考察记 / 张齐政著．—北京：中国文史出版社，2015.9

ISBN 978-7-5034-6849-0

Ⅰ.①走… Ⅱ.①张… Ⅲ.①高等教育—概况—澳大利亚②高等教育—概况—新西兰 Ⅳ.①G649.611 ②G649.612

中国版本图书馆 CIP 数据核字（2015）第 233793 号

责任编辑：李晓薇

出版发行：中国文史出版社
网　　址：www.wenshipress.com
社　　址：北京市西城区太平桥大街 23 号　邮编：100811
电　　话：010-66173572　66168268　66192736（发行部）
传　　真：010-66192703
印　　装：北京天正元印务有限公司
经　　销：全国新华书店
开　　本：170mm×240mm　1/16
印　　张：13.5
字　　数：181 千字
版　　次：2016 年 1 月北京第 1 版
印　　次：2016 年 1 月第 1 次印刷
定　　价：39.00 元

前　言

澳大利亚(Australia)的全称为“澳大利亚联邦”(The Commonwealth of Australia),位于南太平洋和印度洋之间,由澳大利亚大陆和斯塔马尼亚岛等岛屿以及海外领土组成。东濒太平洋的珊瑚海和塔斯曼湾,西、北、南三面濒临印度洋及其边缘海,总面积761.793平方公里,总人口2400万(2013年),人口密度2.91人/平方公里。其国土面积为世界第六,也是世界上唯一一个独占一个大陆的国家。

澳大利亚联邦共分六个州(State)和两个领地(Territory)。六个州分别是:新南威尔士州,首府为悉尼;昆士兰州,首府为布里斯班;南澳大利亚州,首府为阿德莱德;塔斯马尼亚州,首府为霍巴特;维多利亚州,首府为墨尔本;西澳大利亚州,首府为珀斯。两个领地为:澳大利亚首都领地,首府为堪培拉;澳大利亚北领地,首府为达尔文。

澳大利亚一词,原意为“南方大陆”,来自于拉丁文“*terraaustralis*”(南方的土地),其最早土著居民的历史可以追溯到4万年以前。

英国人最早是把澳大利亚作为流放囚犯的地方。1788年1月18日,由菲利普船长(Arthur Philip)率领的一支6艘帆船(一说11艘)的船队共1530人从英国抵达澳大利亚悉尼的植物园湾(Botany Bay),其中罪犯为736人。8天后,即1788年1月26日,他们正式在澳大利亚悉尼的杰克逊湾(Port Jackson)建立起第一个英国殖民地,竖起了英国国旗。这个地方后来成为澳大利亚的第一大城市悉尼,是以当时英国的内务大臣悉尼子爵托马斯·汤森(Thomas Townshend, Ist Viscount of Sydeny, 1733—1800)来命名的。因此,每年的1月26日便成为后来澳大利亚的国庆日(Australia Day)。

澳大利亚的国旗为长方形,长与宽的比例为2:1,旗底为深蓝色,左上方是红、白"米"字,"米"字下面为一颗较大的白色七角星。旗子的右边为五颗白色的星,其中一颗小星为五角,其余均为七角。澳大利亚为英联邦成员国,英国女王为澳大利亚的国家元首。所以,国旗的左上角为英国国旗图案,表明澳大利亚与英国的传统关系。一颗最大的七角星象征组成澳大利亚联邦的六个州和两个联邦领地。五颗小星代表南十字星座,表明该国处于南半球。

澳大利亚国徽左边是一袋鼠,右边是一鸸鹋(又名"食火鸡")。这两种动物均为澳大利亚所特有,它们一般只会向前走,不轻易后退,因此象征着澳大利亚是一个永远向前的国家。国徽中间是一个盾,盾面上有六组图案分别象征澳大利亚的六个州:红色的圣乔治十字(上有一只狮子、四颗星)象征新南威尔士州;王冠下的南十字星座代表维多利亚州;蓝色的马耳他十字形代表昆士兰州;伯劳鸟代表南澳大利亚州;黑天鹅象征西澳大利亚州;红色狮子象征塔斯马尼亚州。盾形上方为一枚七角星象征澳大利亚的六个州和一个联邦区。周围装饰以澳大利亚国花金合欢,底部的绶带是英文书写的"澳大利亚"。

1972年12月21日,澳大利亚与中华人民共和国正式建立外交关系。

新西兰(New Zealand),又译为"纽西兰"。位于太平洋的西南部,其领土由南岛、北岛两大岛屿组成,包括附近的岛屿,以库克海峡分隔。南岛临近南极洲,北岛与太平洋岛国斐济、汤加相望。国土总面积为268680平方公里,在全世界国家和地区的国土面积中排名第75位。总人口447万(2013年),人口密度16.7/平方公里。

新西兰全国设11个大区(惠灵顿、奥克兰、怀柔托、丰盛湾、吉斯波尔尼、豪克斯湾、塔拉纳奇、马纳瓦图－旺加努伊、塔斯曼、尼尔逊、马尔堡),5个单一辖区(西岸、坎特伯雷、奥歌塔地区、南部地区、查塔姆群岛)。首都为惠灵顿,最大城市为奥克兰。

1839年,英国政府委任威廉·霍布森船长(William Hobson)担任英国维多利亚女王的新西兰领事。被命令指示去"处理新西兰的原住民,让他们让出全部或者部分岛群的利益"。1840年1月,霍布森从澳大利亚的悉尼来到新西兰,制订了一个协议的草案,并交给传教士亨利·威廉牧师(Henry Williams)翻译成毛利语的版本。这在当时非常困难,因为有许多英文文字都没有相等的毛利语意思,所以协议真实的意思表达是不十分清楚的。1842年2月6日,有45位毛利人领袖与英国政府的代表在怀唐伊镇签订了该条约。不久,这个条约循环到了新西兰全岛各个地区,共有39位毛利人领袖签订了这份条约的英文版,512位毛利人领袖签订了该条约的毛利语的版本。《怀唐伊条约》的签订,使新西兰正式成为英国的殖民地,但与此同时,也在条约中确定了毛利人的土地和文化的拥有权。后来,该条约被公认为新西兰的建国文献。条约的主要内容有:(1)毛利人各酋长让出其领土主权,凡岛上出生者,均受英国法律管辖;(2)保证新西兰各部落酋长的土地、森林、渔场及其他财产不受侵犯;如出售土地,应优先出售给英国女王;(3)毛利人可以得到英国女王的保护,并可以享受"英国国民所享有的一切权利和特权"。条约签订后,1840年5月21日,霍布森正式宣布新西兰成为英国的领地,并定奥克兰为新西兰首府。

新西兰的国旗为长方形,长宽的比例为2：1。底部为深蓝色,左上方为英国国旗,右边有四颗镶白色的红色五角星。新西兰是英联邦成员国,"米"字图案表明它与英国的传统关系;四颗星则表示南十字星座,表明新西兰国家位于南半球,同时也象征着独立和希望。

新西兰国徽的中心图案为盾徽。盾面上有五组图案:四颗五角星代表南十字星座,象征新西兰;麦捆代表农业;羊代表该国发达的畜牧业;交叉的斧头象征该国的工业和矿业；三只扬帆的船表示该国海上贸易的重要性。盾徽右侧为手持武器的毛利人，左侧是持有国旗的欧洲移民妇女。上方有一顶英国伊丽莎白女王二世加冕典礼时用的王冠，象征英国女王也是新西兰的国家元首；下方为新西兰蕨类植物，绶带上用英文写有“新西兰”国名。

1972 年 12 月 22 日，新西兰与中华人民共和国正式建立外交关系。

西方的大学和高等教育起源于中世纪。在中世纪，欧洲的教育为基督教会所垄断，教会成为支配一切的力量。为了培养教会的神职人员，基督教会在欧洲各个教区设立学校，学校一般都附属于教堂或者修道院，学校教师均由教士担任。11 世纪后，由于经济的发展，西欧的城市开始兴起，手工业和商业的发展，促使市民阶级的兴起。城市和市民阶级的兴起，需要培养多方面知识的人才，而教会学校显然不能满足当时社会发展的需要。于是，城市市民阶级打破了中世纪长期以来教育由教会垄断的局面，开始由行会或者市政当局出面兴办世俗的适应经济发展要求的学校。这些世俗学校与教会学校不一样，他们学习的知识不再是局限于《圣经》。它们根据城市生产、交换和社会生活的需求，开设了文法和计算等方面的课程（如所谓的“七艺”：文法、修辞、逻辑、算术、几何、天文、音乐），培养各方面的专门人才。这些城市世俗学校的兴起，一方面促进了城市文化教育水平的提高，另一方面则是引起了人们对于古典艺术、古典哲学以及古代罗马法的兴趣。城市世俗学校与教会学校不一样，教会学校的学生是免费的，经费由教会承担。而世俗学校则是靠收取学生的学费来维持学校的运行和教师的工资。一般来说，学校的校长和教师都是由行会或者市政当局聘任。

随着城市经济和世俗学校的发展，逐渐在一些城市中出现了大学。最早的大学产生于中世纪城市最为发达的意大利，如萨莱诺大学（University degli stadi Salerao）、博罗尼亚大学（University of Bologno）等。萨莱诺大学位于意大利中南部的萨莱诺，它最早是一所医学学校，11 世纪初成为医学研究中心。当时,犹太人阿非利加诺来到这儿,编译古希腊著名医学家希波克拉底以及阿拉伯的医学著作,推动了医学理论和医疗事业的发展。因此,萨莱诺大学成为欧洲最早的医科大学,于1231年得到政府的承认。比萨莱诺大学更有名的是博罗尼亚大学。博罗尼亚大学(一译波伦亚大学)以研究罗马法著称,始建于1088年,与法国的巴黎大学、英国的牛津大学、西班牙的萨拉曼卡大学一起被称为“欧洲四大名校”。在文艺复兴时期,涌现出了但丁、彼得拉克、丢勒、哥白尼、伽利略等著名校友。该大学在1158年得到神圣罗马帝国皇帝腓特烈一世(Friedrich Ⅰ,1122—1190,即历史上著名的红胡子腓特烈、巴巴罗莎 Barbarrossa)敕令的保护,其学生团体取得了一定的自由权利和特权地位。于是,学生按照籍贯来组成同乡会,出现了以阿尔卑斯山为界的山北同乡会和山南同乡会。13世纪,这两个同乡会联合起来,形成了“法科大学”,这是一种学生团体的联合,不包括教师按学科组织的“学科会”。不久,教师组织和学生组织联合,由学生中选出的校长来管理学校,从而确立了师生合一的欧洲大学形式。博罗尼亚大学设有文学院、医学院、法学院、神学院,这也是欧洲大学的典型模式(没有这四个学院,是不能称其为“大学”的)。到了14世纪初,博罗尼亚大学从政府手中取得了独立的审判权,成为一个名副其实的自治团体。博罗尼亚大学现为意大利的第二大大学。1988年,在430所欧洲大学校长共同签署的“欧洲大学宪章”中,博罗尼亚大学被正式宣布为欧洲所有大学的母校。

实际上,法国的巴黎大学(University of Paris)创建于公元9世纪,是欧洲真正的最早的大学。因其最初是附属于巴黎圣母院,至1180年才被法国国王路易七世(Louis Ⅶ,1121—1180)正式授予大学称号,所以建校时间定为1180年。不但比意大利的博罗尼亚大学晚了近一个世纪,而且比英国的牛津大学也晚了13年。不过,巴黎大学仍然有着“欧洲大学之母”的称号。1209年,巴黎大学出现了教师会组织。1215年,教师会与学生会一起得到教皇的正式承认。1231年,罗马教皇以敕令的形式肯定了巴黎大学的自决权。巴黎大学由大主教的代理人主持,教授由教会委任,并由教会发给工资。学校的管理人员不是由全体学生选举,而是由取得博士和硕士学位的人选举产生。

欧洲中世纪的大学大多是自治团体,它既不属于教会管辖,也不受制于地方政府,保持着相对的独立性,可以自由地研究学术。由教授和学生共同推举校长进行管理。在博罗尼亚大学,一般由学生来选举校长,这在南欧的大学比较普遍,被称为"南欧派";在巴黎大学,一般是由教师来选举校长,这种模式在北欧占主导地位,被称为"北欧派"。

继意大利和法国后,欧洲其他国家也相继创办了自己的大学:英国于1167年创办了牛津大学(University of Oxford)、1209年创办了剑桥大学(University of Cambridge);德国于1386年创办了海德堡大学(University of Heidelberg);捷克于1348年创立了布拉格大学(Charles University in Prague);波兰于1364年创办了克拉科夫大学(Jagiellonian University)。到1500年,欧洲已经有大学80所。一个世纪后,1600年,欧洲的大学发展到了108所。中世纪欧洲大学的产生和发展,为即将到来的欧洲文艺复兴运动和宗教改革运动作了思想上和文化上的准备。同时,它促进了欧洲各国之间文化和学术的交流与发展,有利于城市的繁荣和工商业的发展,不仅对当时,而且对后来一直到现在的大学教育事业产生了重大的影响。中世纪的大学,是留给人类最伟大的文化遗产之一。

英国的大学也产生于中世纪。最早的大学为建校于1167年的牛津大学和1209年的剑桥大学。牛津大学是为英语世界最古老的大学,也是世界上现存的第二古老的大学,仅次于意大利的博罗尼亚大学。实际上,牛津大学是由从法国巴黎大学回到英国的教师和学生们所创办的。而剑桥大学则是1209年,当时牛津大学与当地居民发生严重的流血冲突,双方死亡人数达到200多人。为了躲避冲突,害怕当地居民的复仇,一批牛津大学的教师从牛津大学逃离出来,到了剑桥镇,建立了剑桥大学。因此,从某种意义上来说,巴黎大学确实可以称之为"欧洲大学之母"。

牛津大学和剑桥大学除了和欧洲其他早期大学是独立自治的机构外,还有着皇家宪章(如1215年英国的"自由大宪章")和英国议会法案给予的许多特权,有时可以不受任何政府部门的管辖和控制。在大学内部,则实行严格的学院制度。学院完全可以自主它们的教学、财产、政务以及内部事务,而且一个大学要接受学生,首先要下属学院接受或者承认,包括授予学位,否则不能成为该校的学生,或者不能成为该校的毕业生。与后来兴起的美国大学不一样的是,英国古老的大学仍然还保留着自中世纪以来的许多传统。如:大学的自治与自主权;严格的学院制度;每一所著名的大学都有其相关的大学法案;完整的校董事会制度;有皇家纹章院颁发的徽章;有着古老拉丁语的校训,等等。

澳大利亚和新西兰是英国的殖民地,为英联邦成员国。它们除了在政治上、经济上、军事上与宗主国有着千丝万缕的联系外,在教育上,尤其是高等教育上也是一脉相承。澳大利亚和新西兰的大学以及办学模式几乎全是英国古老大学的办学模式,这在澳大利亚更为突出。正因为如此,他们的高等教育相对于我们来说,有许多先进的地方值得学习。

1. 从办学历史来看,要比我们办大学的历史早半个世纪。如悉尼大学创办于1850年,墨尔本大学创办于1853年。

2. 从办学质量来说,要比我们高,如澳大利亚的澳大利亚国立大学、墨尔本大学、悉尼大学、昆士兰大学、新南威尔士大学等5所大学都是排名世界大学前50位的大学。墨尔本大学一个学校就出现了3位诺贝尔奖获得者。

3. 从办学数量来说,无论是居民人口的大学比例还是每所大学的学生人数,都要比我们多。如澳大利亚被我国政府承认的大学就有42所,平均57万人一所大学。新西兰有大学8所,平均56万人一所大学。这其中还不包括一些相当于我国的高职高专的职业技术学院、教育学院等的学校。

4. 从办学规模来说,普遍比我们要大。他们的大学学生人数基本上在3万以上，而一些相当于我们高职高专的学院的学生人数也都不低于2万。大学的留学生人数一般也不会少于3000人，且来自的国度不会低于20个国家。

5. 从学校的管理来看，各个大学是依据议会的法令而建立，所以一切按照议会的法案办事。在管理上，完全是由各个方面代表组成的董事会管理学校，而不是由政府任命的校长管理。学校董事会的主要组成人员是教授以及学生代表，体现了专家治校、民主管理的理念。

6. 从办学的理念来看，体现出开放性、前瞻性、实用性和国际性。开放性在于他们在办学过程中一切都是开放的，所有教师、所有学生都参与了学校的教学和管理的全过程。甚至于连整个校园都是开放的，无与外界隔绝的围墙，无正式的校门与大门保安，任何人都可以自由进出校园参观和游览。其前瞻性体现在每所大学都根据自己的实际情况进行定位，紧跟世界高等教育和科学技术发展的需要不断更新专业和研究方向，而不是墨守成规或者等待政府的指令。其实用性在于所培养的学生与市场和社会的需求密切联系，学生的应用动手能力很强；大学的研究所也是大多研究社会经济发展的应用问题，运作模式则是市场模式，不是做无用功。其国际性在于无论是教学还是科研，都与国际接轨。而大学的教师也好，学生也好，都是来自世界各地。没有一所大学的教师和学生清一色的只来自一个国家。

当然，并不是说澳大利亚和新西兰的高等教育已经是尽善尽美，也有许多不尽如人意的地方。如大学办得太滥，对学生有时太宽松；有的专业设置不合理，仅仅是为了市场的需求而将毫不相干的专业生硬地拼凑在一起；有的院系设置不合理；教师流动性过于频繁等。但是，从整体方面来说，澳大利亚和新西兰的高等教育在世界上还是处于领先地位的，不然它就无法吸引世界各地的留学生趋之若鹜。

澳大利亚和新西兰的高等教育，是西方社会高等教育的一个缩影，也在某些方面代表着世界高等教育发展的趋势。学习他们先进的办学理念、大学制度和管理方法，对于我们如何办好大学，尤其是我们这样的地方性大学，无疑是有许多可以借鉴的优秀经验。取其所长，补己所短，正是我们的愿望。培养更多更好的合格人才，为社会主义建设服务，是我们的目的。只有认真汲取西方高等教育的精华为我所用，在办学上走与国际接轨的道路，才能提高我们的办学水平，真正增加我们的文化软实力。这样，我们离中华民族的伟大复兴梦就不会太远，我们就能真正地屹立于世界民族之林。

目　录

CONTENTS

第一章

走近花都

2013年4月21日，星期日，农历三月十二，晴。

这天，春光明媚，春风和煦。衡阳师范学院赴澳大利亚、新西兰高校考察组一行6人（校党委书记许金生教授、副校长童小娇教授、学报主编张齐政教授、国际交流处处长赵湘教授、计算机科学系系主任魏书堤副教授、高教研究所所长邓玉久副教授）在许金生书记的带领下，相约于下午7点在衡阳东站集合（童小娇教授直接从长沙出发，在车上会合），开始为期10天的澳大利亚、新西兰高等教育考察之旅。按照行程安排，我们是在衡阳东站（高铁站）乘坐G6027次列车前往位于花都的广州北站。

衡阳东站为京广客运专线上的7大枢纽站之一，也是最大的非省会城市高铁站。位于衡阳市珠晖区酃湖乡耒水河东岸的茅坪村和王江村，西临衡阳大学城。通过2座跨耒水大桥、东外环线、衡州大道以及正在向东延伸的船山大道与市区相连接。距京广铁路衡阳站8公里，距衡阳市市中心10公里、距世界自然与文化遗产南岳衡山45公里。

衡阳东站于2005年8月破土动工，至2009年12月全面竣工，历时53个月。2009年10月6日，武广客运专线衡阳站被铁道部正式命名为“衡阳东站”，2009年12月26日起正式运营。

衡阳东站的设计理念取意于大雁雄劲有力的翅膀舞动，寓意大雁南飞。衡阳又名“雁城”，因“北雁南飞，至此歇翅停回”，故得其雅称为“雁城”。古人留下了许多有关衡阳雁的诗句：如李白的“举头忽见衡阳雁，千声万字情何恨”；杜甫的“万里衡阳雁，今年又北归”；王勃的“雁阵惊寒，声断衡阳之浦”；范仲淹的“塞下秋来风景异，衡阳雁去无留意”；王安石的“万里衡阳雁，寻常到此回”；李清照的“雁字回时，月满西楼”；等等。在中国丰富浩瀚的成语中，有关大雁的成语就有200余条。因此，大雁文化成为衡阳市的城市文化，大雁是衡阳市的象征，也是衡阳市的城市标志。

衡阳东站采用中国大屋顶式造型，从远处望去，三组飞檐犹如群雁正在舞动着雄劲有力的翅膀，十分大气，与衡阳的“雁城”雅号交相呼应。它设计大气大方、漂亮、最具现代化和人性化，是武广客运专线地级市车站中设计最好的。衡阳东站站房的建筑立体平面造型突出了衡阳的地方特色，从远处看，恰如一只展翅南飞的大雁。主站房分为三层，分别为出站层、站台层和高架层。站台雨篷和进站天桥设计为5站台，9条到发线。其中1座基本站台和4座岛式中间站台。主站房首层为出站层，层高7.5米；二层为站台层，层高8米；三层为高架层，层高至尾面局部为4.5米；尾部为波浪形，最低点为16.4米。

衡阳东站是武广高铁的预留始发站。坐高铁从衡阳到广州和武汉的时间均只需要2个小时，到省会长沙只需要34分钟。衡阳东站占地面积1400余亩，总投资5亿元，是武广客运专线沿线地市级站中面积最大、投资最多的车站。它的动车维修运用所则是武广客运专线中的3大检修所之一。

20点零1分，G6027次从衡阳东站驶出，一路风驰电掣南行，中间只在郴州西站作短暂停靠，于21点50分正点到达广州北站，运行时间1小时49分。古人所追求的那种“日行一千，夜行八百”梦幻境界，在如今高铁时代，那只是小儿科而已。

广州北站位于广州市花都区新华街，原名“花都火车站”。1999年9月15日更名为“广州北站”。

最初的广州北站位于广州市白云区新市镇棠溪村西边。1908年，广州北站建成正式启用，当时命名为“新街站”，1989 年改名为“棠溪站”。

历史上第二个“广州北站”位于广州市白云区江高镇，是 1986—1988 年作为衡（阳）广（州）双线配套工程而建，1989 年投入运营，命名为“广州北站”，并将原来的广州北站改名为“棠溪站”。它是广铁集团公司四大编组站中最大的一个编组站（特等编组站）。京广、广深、广茂、广梅等各个方向进出广州铁路枢纽的货物列车都是在该站到达、解体、编组和始发。1999 年 9 月改名为“江村站”。

目前的“广州北站”指的是原来的花都火车站。1999 年 9 月 15 日，经铁道部批准，正式更名为“广州北站”，并把原来的广州北站改名为“江村站”。广州北站距京广铁路广州站 28 公里。2009 年 12 月 26 日，武广客运专线正式开通运营，广州北站是广州方向的始发车站。随着广州南站（番禺）于 2010 年 1 月 30 日的正式启用，广州北站不再继续作为武广客运专线广州的始发车站和广州方向的终点站，所有动车组均改到广州南站始发。

是晚，我们一行 6 人入住位于广州市花都区新华街秀全大道 43 号的广州新世纪酒店。该酒店是广州市花都区唯一一家由国家旅游局授牌的四星级饭店，是花都区的标志性酒店，原名“花都宾馆”。广州新世纪酒店距离广州白云国际机场 12 公里，广州北站 332 米，广州火车站 28 公里，广州市中心（海珠广场）31 公里。周围有芙蓉嶂度假村、九龙潭水上乐园、盘古王公园、圆玄道观、洪秀全故居（国家级文物保护单位）、洪秀全纪念馆、菊花石公园、秀全公园等风景旅游点。

花都区位于广东省中南部，珠江三角洲的北端，东连从化，南靠广州，西邻三水，西南连南海，北接清远，人口 100 万左右。

花都原名“花县”，汉朝时属番禺管辖。隋朝改属南海县管辖。宋以后分属番禺、南海管辖。清朝康熙二十五年（1686），朝廷取南海、番禺两县的部分区域单独置县，因其县城治所靠近花山，故命名为“花县”，隶属于广州府管辖。到了民国年间，因花县靠近广州，所以大部分时间是由广东省直辖。中华人民共和国成立后，花县先后隶属于江北专区、珠江专区、粤北行政区、佛山专区。1960 年 4 月划归广州市管辖。1993 年 6 月 18 日，经国务院批准，撤县建市（县级市），撤销花县，改名为"花都市"，由广东省人民政府委托广州市代为管辖。2000 年 5 月 21 日，又经国务院批准，撤市改区，成立广州市花都区。

花都历史上（从清代康熙年间设立花县起）的著名人物有洪秀全、冯云山、洪仁玕等。

除了中国近代史上太平天国的三个著名人物外，在中国现代史上，花都的著名人物还有：清末民初著名的海军将领汤廷光（1865 ~ 1933）；著名粤剧演员白玉堂（1901 ~ 1995）；台湾著名企业家、海军将领、政治人物、体育界名人，原国际奥委会委员徐亨（1912 ~ 2009）；香港著名影星、首届金马奖影后得主尤敏（1936 ~ 1996）；中国科学院院士、著名作物遗传专家卢永根（1930 ~ ）等人。

是夜，与赵湘处长、魏书堤主任、邓玉久所长四人一同去花都市区逛夜市，吃夜宵。本人一不小心把手机给弄丢了，以至于在整个澳大利亚和新西兰的考察过程中均与外界失去联系，变成了哑巴和聋子。

第二章

走向悉尼

4月22日，星期一，晴。

早晨5点30分，酒店服务员叫早，起床，洗漱准备。6点，大家在酒店大堂集合，向广州白云国际机场出发，乘8点20分广州飞往悉尼的CZ301 CANSYD 1940航班。

广州白云国际机场是广州市的门户，国内三大航空枢纽机场之一，地处广州市白云区人和镇与花都区新华街道、花山镇、花东镇的交界处，于2004年8月5日正式启用。机场距离广州市中心海珠广场的直线距离为28公里。目前该机场的客运吞吐量居中国第二；货运吞吐量居中国第三；航班的起降量居中国第二。

在办完机场出境及登机手续后，去候机大厅候机。因未吃早餐，余与许书记、赵处长、魏主任、邓所长5人在机场内吃早餐。每人一碗牛腩面，单价80元/碗！在外面，充其量也就是四五元一碗而已。什么叫垄断？什么叫天价？放在顾客面前的只有两种选择：要么就挨饿，要么就挨宰，别无选择。

按照计划，我们乘坐的是中国南方航空公司的波音777型飞机飞抵悉尼。

中国南方航空股份有限公司（简称“南航”），是国内运输飞机最多、航线网络最密集、年客运量最大的航空公司。南航公司的标志是以天蓝色垂直飞机尾翼镶抽象化的红色木棉花。南航是国内首家加入国际航空联盟的中国内地航空公司，是中国首家、全球第7家运营空客A380飞机的航空公司。南航与中国国际航空股份有限公司（简称国航）和中国东方航空股份有限公司（简称东航）合称为中国三大航空公司。

波音777是一款由美国波音公司制造的长程双引擎广体客机，是目前全球最大的双引擎广体客机。它采用圆形机身设计，起落架共有12个机轮，其规格介于波音767－300和波音747－400之间。我们所乘坐的飞机是波音777－200ER机型，其长度为63.70米，翼展为60.90米，高度18.50米，机舱宽度为5.86米，最大座位数量为400人，续航距离为14260公里。

2014年3月8日凌晨2点40分，马来西亚航空公司称一架载有239人的波音777－200飞机与管制中心失去联系。该飞机航班号为MH370。原定由吉隆坡飞往北京。该飞机本应于北京时间2014年3月8日早晨6点30分抵达北京首都国际机场。失去联络的客机上载有227名乘客（包括两名婴儿）和12名机组人员。其中有154名中国人（其中中国大陆153人，含成人152人和1名1岁的婴儿；中国台湾1人）。北京时间2014年3月24日晚10点，马来西亚总理纳布吉在吉隆坡宣布，马航失联航班MH370在南印度洋坠毁，机上无一人生还。这就是震惊世界的"3·8马来西亚航班失踪事件"。我们所乘坐的飞往悉尼的飞机正是这种机型。

北京时间上午8点20分，飞机准时从广州白云国际机场升空，一路向东南飞去，掠过南海和太平洋上空，在1万多米的高空上往悉尼方向翱翔。经过9个多小时的长途颠簸，于澳大利亚时间下午7点半（北京时间下午五点半，澳大利亚与北京的时差为2个小时）准时到达澳大利亚悉尼国际机场。在广州，我们还是百花盛开的春天，而到了悉尼，却已是树木开始凋零的秋天，春去秋来，"换了人间"。

在南航的国际航班上，除了中国的空中乘务员（即我们通常所称的空姐）外，通常还配有外籍乘务员。我们乘坐的航班上的两个外籍乘务员，一个叫艾琼，白人，30 多岁；一个叫艾嘉，皮肤黝黑，不是澳大利亚的土著居民，就是混血儿，40 多岁。她们均会讲汉语，虽然年纪大一点，服务却是十分到位，而且待人十分礼貌，职业精神不错。

澳大利亚（Australia）的国名来源于拉丁文 *australis*，意思为"南方的"。在古代，人们认为北半球有大陆，所以推测在地球的南半球也会有一块陆地，否则地球将会无法保持平衡。公元 2 世纪，埃及天文学家、地理学家托勒密（Cludius Ptolemy，约 90—168 年）把这块陆地绘入地图，其标志为"*Terra Australis Incognita*"，在古拉丁文中意为"未知的南方陆地"。1531 年，法国的制图学家奥龙斯・菲纳在他绘制的世界地图中，也设想南方有个大陆，称"Terra Australis"，意思为"南方的大陆"。此后许多航海家和探险家纷纷去寻找这块南方大陆。第一个到达澳大利亚的是荷兰人威廉・杨茨，他于 1605 年抵达澳大利亚卡奔塔利亚湾西海岸。1606 年，西班牙航海家佩德罗・德吉罗斯率领一支探险队在新赫布里底群岛（今瓦努阿图）登陆，误认为是南方大陆，并命名为"Australis del Espiritu Santo"，指远及南极的所有地方。西班牙文的意思为"灵圣的南方陆地"。17 世纪 50 年代，荷兰东印度公司的船只曾多次到达澳大利亚西海岸，并把这一带命名为新荷兰（New Holland）。该名字与澳大利亚之名并存了很长一段时间。1814 年，英国航海家马修・弗林德斯（Matthew Flinders，1774—1814 年）提议将原名 Terra Australis 简称为 Australia，这一意见于 1817 年被澳大利亚新南威尔士州总督麦觉理（Macquarie，1810—1821 年在任）采纳，并一直沿用至今。

作为进入澳大利亚的交通枢纽，悉尼国际机场（Sydney Kingford Smith Airport）是澳大利亚最繁忙的客运机场。悉尼机场吸引了大约 49% 的出入澳大利亚的国际旅客以及 30% 的澳大利亚国内客流。它同时还是澳大利亚最繁忙的货运机场，年吞吐量超过了 50 万吨。悉尼机场是世界一体航空公司联盟的重要成员 Qantas（澳航）的运行基地，作为全球星际联盟重要成员的新加坡航空公司、新西兰航空公司也在这里运行频繁。悉尼机场被公认为是世界上在机场零售业方面表现最佳的两个机场之一，是亚太地区在零售业方面最佳机场。因为在机场的购物商店就多达150家，包括免税商店、美容美发、烟酒店、礼品商店等。

作为澳大利亚最大的机场，悉尼机场有一项非常特别的服务：金色大使。旅客们可以在候机楼内和机场的进出口随时找到他们。金色大使的主要职责就是为旅客以及访问悉尼机场的所有客人提供服务，为旅客提供准确无误的路径方向等。担任金色大使的人员来自悉尼的各行各业，他们当中的许多人都曾经在海外居住，不同成员所能说的语言达到15种以上。我在机场入境等待行李，询问卫生间（厕所）时所遇到的一位金色大使即是一位来自上海的华人，男性，50多岁，在交谈中得知他是随女儿移民来澳大利亚的，已经10年了。

到达悉尼国际机场后，照例要进行入境检查。很有意思的是，我们一行人中，偏偏抽查了赵湘处长，要他打开行李进行开箱检查。无独有偶，在我们结束考察，从新西兰奥克兰准备离境回国时，出境检查被抽查的竟然又是赵处长！这是后话，也是一种巧合。

在机场，等待行李足足等了40分钟。由此看来，澳大利亚的工作效率并不高。

在机场出口，余与许书记、童校长三人各用人民币兑换了1000元澳币。他兑换给你，澳币与人民币的比值是1∶7.2，而你把剩余的澳币兑换成人民币，他给你澳币与人民币的比值却是1∶5.8，兑换者从中赚取差价。这也是一种为旅游者服务的方式。

来机场接机的导游兼司机姓王，名勇，内蒙古呼和浩特市人，40来岁，移民来澳大利亚已经8年。据他自己所讲，他到澳大利亚之后，开过大货车，干过水电工，现在主要是从事房地产销售工作，导游是兼职干活。中巴车是自己私人的，主要是为中国大陆去的游客们当导游。在悉尼有自己的房子，目前有一子一女，还想在今明两年内再生一个。

王导拉着我们一行去华人所开的“同乐轩餐厅”吃晚餐，因我们属于公务团,有别于一般的旅游团队,所以晚餐的安排比较丰盛,有鹅、海贝、牛肉、鱿鱼、青菜、生菜、莲藕汤等。晚上住悉尼威廉大街 90 号(90 William Street Sydney)的宝丽华湾景酒店(Bayview Boulevard Sydney)。该酒店 1974 年开业,2005 年进行重新装修,为准四星级酒店,共有房间 271 间,其标准间的参考价格为 180 澳币/间/晚(含早餐)。

第三章

走近纽卡斯尔大学

4月23日,星期二,晴。

早晨8点,酒店早餐。8点半,乘车前往纽卡斯尔市。今天是公务活动,着正装,打领带,换下休闲服。

第一节　走近纽卡斯尔

纽卡斯尔市(Newcastle)是澳大利亚新南威尔士州东部的重要城市和港口。距离悉尼约157公里,车程约2个小时。纽卡斯尔位于亨特河河口的南岸,濒临塔斯曼湾,人口约50万。纽卡斯尔市是澳大利亚最大的采煤中心和重工业中心之一。因为它位于澳大利亚的东海岸,气候宜人,是一个著名的旅游城市。其主要景点有耶稣大教堂(Christ Church Cathedral)、海事博物馆(Maritime Museum)、爱德华国王公园(King Edward Park)以及白沙滩等。

纽卡斯尔是因1804年英国政府将此地作为罪犯的流放地而建。当时的殖民官员查尔斯·孟希斯以英国的城市纽卡斯尔命名。纽卡斯尔早期曾被称为金斯敦(King's Town),得名于当时的殖民总督菲利普·吉得利·金(Philip Gidley King,1758—1808)。当地的土著居民称之为"Mulubinba",来源于当地生长的一种名叫Mulubin的植物。

世界上除了澳大利亚的纽卡斯尔之外,还有5个纽卡斯尔市。它们分别是:(1)英国第5大城市、位于泰恩河畔的纽卡斯尔市,全称为泰恩河畔纽卡斯尔(Newcastleupon Tyne)。英国的纽卡斯尔是英国东北部的著名港口城市,在诺森伯兰郡,位于泰恩河下游东岸。1080年,诺曼底公爵罗伯特·考特霍斯,即后来的英国国王亨利二世在其父征服者威廉一世摧毁的城市遗迹上重建。当时用拉丁文命名为*Castellum novum*,意思为“新堡”;(2)美国宾夕法尼亚州的纽卡斯尔市。它是宾夕法尼亚州的西境城市,原来为印第安人的贸易点。1798年,在美国的西进运动中,白人开始移民在此居住,并以英国的纽卡斯尔命名;(3)美国特拉华州的纽卡斯尔市,濒临特拉华河。自1651年荷兰人彼得·施托伊弗桑特在此建立卡西米尔堡(Ft. Casimir)开始,形成欧洲白人居民点。最初称圣索克(Santhoeck),1654年被瑞典人占领,翌年重又由荷兰人收复,起名为新阿姆斯特尔(Nieuw Amstel),以荷兰首都阿姆斯特丹郊外的一个地方命名。1664年英国人占领此地后,改为现在的纽卡斯尔。据说是以纽卡斯尔伯爵威廉·卡文迪什(William Cavendish,1592—1676,Earl of Newcastle)命名;(4)南非纳塔尔省西北部的纽卡斯尔市。该市建于1854年,以英国殖民大臣纽卡斯尔公爵(The Duke of New Castle)命名;(5)此外,在加拿大的新不伦瑞克省也有一个纽卡斯尔市。

按照原计划,我们到达纽卡斯尔后,上午是考察城市建设和耶稣大教堂、爱德华国王公园、海事博物馆和白沙湾等景点,下午去纽卡斯尔大学从事公务活动。因为童校长的朋友董昭阳教授邀请我们去他所在的纽卡斯尔大学尼尔研究所进行一场学术交流活动,故取消了考察活动,而是直接去了纽卡斯尔大学。只是快到黄昏时刻,才去白沙滩看了看。

纽卡斯尔的白沙滩,被称为是世界上最美和最危险的海滩。最美是因为它的沙子是白色的,十分漂亮和柔软干净。白色的沙子和蓝色的海洋,在蔚蓝色天空的映衬下,显得非常美丽;最危险是因为它位于亨特河河口入海处的塔斯曼湾,这儿的鲨鱼群经常出没,因此鲨鱼伤人的事件时有发生。我们到达白沙滩时,沙滩上游客很多,却没有人下海游泳和弄潮。沙滩旁也有许多警示牌,提醒游人不要下海,防止被鲨鱼伤害。

许金生书记等5人在白沙滩照相,余则与王导二人沿着海堤走向港口的出海口。海浪拍打在海堤的巨石上,掀起的浪花有10多米高,景色十分壮观;海风迎面吹来,满是浓浓的海腥味;港口内的巨型轮船在导航船的引导下,正在有序地进出港口;港口外的巨大灯塔,在50海里以外都能看得清清楚楚。此时你的心情会显得分外开朗,你的思绪会随着巨轮远去,会随着海浪的涛声而澎湃。在白沙滩海堤上看正在冉冉升起的月亮,你真正地会体验到什么是海天一色,什么是波涛汹涌在白沙滩看月亮,会有外国月亮比中国大的感觉。这不仅是心理上的感觉,因为还有它客观存在的事实:一是因为在海边看明月的升起,就是与在内地看月亮的升起不一样,在海边看月亮是要大一些;二是因为澳大利亚的空气质量要比中国内地好得多,空气污染少,看月亮就会看得更清楚一些,自然就会显得更大更圆。

第二节　尼尔研究所

上午11点,童校长原来在香港理工大学访学与做研究时的同事、朋友董昭阳教授在纽卡斯尔大学尼尔研究所迎接我们。董昭阳教授是山西人,在国内读的本科和硕士,然后去英国攻读博士学位,从事电力工程、新能源及环境工程等方面的研究,是这方面的权威。博士毕业后在香港理工大学担任教授,经常回内地各大学讲学。2010年,被纽卡斯尔大学引进,在尼尔研究所从事新能源与新技术的研究与开发工作。董昭阳教授先热情地请我们吃午饭,陪同午餐的有纽卡斯尔大学副校长兼尼尔研究所所长的艾伦先生和赵军华博士。地点在北京餐馆,吃北京烤鸭和北京口味的食品。

赵军华博士是董昭阳教授在香港理工大学带的博士，博士毕业后随董教授一起来澳大利亚纽卡斯尔大学尼尔研究所工作。目前，董昭阳教授在纽卡斯尔大学带的12个博士和硕士均来自中国内地。艾伦先生给人的印象是热情大度、风趣幽默。艾伦先生本身就是个企业家、大老板，身价上亿。除了在澳大利亚拥有自己的矿产集团公司外，在中国还拥有两家公司，一家在上海，经营进出口贸易；另一家在山西大同，经营矿产。所以他每年要到中国两次，时间约一个半月。艾伦先生的酒量很大，而且很出名。但是，据他自己说，他最怕与中国人喝酒。他初到中国时，不了解中国人喝酒习惯。因为在澳大利亚喝酒叫“干杯”，只是碰一下杯，表示礼貌和礼节，而且喝的是葡萄酒。而在中国叫“干杯”，却是要把杯中的酒干掉，全部喝完，并且喝的是高度白酒。所以他和6个人“干杯”，就喝了6大杯白酒，结果大醉。所以他幽默地给我们说，是在酒桌上被中国人“忽悠”了，他后来到中国喝酒，只说喝酒，不说“干杯”。

中餐结束后，没有休息。中午1点半，在纽卡斯尔大学尼尔研究所的三楼会议室进行一场学术交流。会议由董昭阳教授主持。纽卡斯尔大学副校长艾伦先生首先向我们简单介绍了尼尔研究所（中心）的基本情况：尼尔研究所（中心）是由纽卡斯尔大学和澳大利亚政府共同投资开办的。2008年，纽卡斯尔大学用1000万澳元买下了现在的尼尔研究所地盘，澳大利亚联邦政府投入3000万澳元、新南威尔士州政府投入220万澳元，共同创办了纽卡斯尔大学尼尔研究所（中心）。目前，尼尔研究所正在动工建造新的实验大楼，扩大规模。尼尔研究所主要与纽卡斯尔大学、澳大利亚的工业、矿业以及物流业、运输业、建筑业等联系密切，经常促成纽卡斯尔大学与企业之间的项目合作与人才培养方面的合作。尼尔研究所（中心）下面有7个研究中心，其中有的研究中心为世界级水平的研究中心。如董昭阳教授领衔的能源研究中心就是其中的一个。该中心承接了英国国家电网、澳大利亚国家电网和中国华南国家电网的升级改造工程业务。此外还有它的新材料研究中心和物流运筹研究中心等。

尼尔研究所(中心)共有各类研究人员和职员240多人(不含研究生),每年的开支(包括所有研究人员和职员的工资支出、实验设备的购置和实验室材料的消耗支出、研究所的日常支出等)大约在5000万澳元,相当于3亿元人民币,大概占到衡阳师范学院一年总支出的85%。与中国高校的管理和运行模式不一样,他们实行的是企业化运行模式,只有几个行政负责人由纽卡斯尔大学发工资,因为他们是受校方的委托来进行管理的,如艾伦先生,他是以副校长身份来兼任尼尔研究所所长的。而其他所有人员的工资,均由研究所自己负责,学校一概不管。所以研究所必须要到外面去拿项目,去与企业合作,去研究和研发新的产品,去满足市场的需求,这样才能够生存和发展,才能够出成果。不仅如此,在尼尔研究所,所带的研究生的经费,校方也是概不负责,所有的培养经费(包括研究生帮助导师做项目的工资支出)均是由导师负责。

尼尔研究所(中心)与澳大利亚的几乎所有大企业公司集团都有合作,与全球知名企业,主要是工业、能源、物流等也有联系和合作。同样,在中国,他们与中国的100多家大型企业保持着合作关系,主要集中在能源、矿业制造业、建筑建材业和物流管理业等几个领域。他们有时也为中国的某些特殊行业提供技术培训。如艾伦先生的儿子,即在广州中国南方航空公司飞行员培训中心担任教员,为中国培养飞行员。艾伦先生风趣地说,希望衡阳师范学院能够成为纽卡斯尔大学以及尼尔研究所在中国的一个联系单位和合作学校。

双方学术交流主要集中在物流与矿产的优化方面。尼尔研究所(中心)方面主要是由马丁教授和希奥帕斯教授介绍他们的研究方向和研究成果,衡阳师范学院主要是由童小娇教授介绍她及其团队的研究方向和研究成果。马丁教授,男,出生于荷兰的阿姆斯特丹,后移民美国,三年前到澳大利亚,在纽卡斯尔大学尼尔研究所从事矿山物流优化与工业能源方面的研究与设计。希奥帕斯教授,女,澳大利亚人,博士,曾在澳大利亚的希曼大学和墨尔本大学学习与工作,2008年,尼尔研究所(中心)一成立,即来研究所工作,主要从事矿山与港口的物流优化与设计。童校长主要从事运筹学的研究,其运筹优化研究团队主要由衡阳师范学院、长沙理工大学和湖南大学三所高校的教师组成。一方面他们的学术交流太过于专业化,对于我一个学历史专业的人来说,是无法听懂,也无法感兴趣;另一方面他们是用英语直接进行交流,其交流内容 95% 以上是听不明白的,因为本人的外语听力实在是上不了台面。所以云里雾里,稀里糊涂,只是凑合着当一个观众而已。不过,从学术交流中可以看出,童校长不但专业知识造诣很深,研究成果和研究水平很高并得到外国同行的认可和感兴趣,而且她的外语水平也是很高的。

第三节　纽卡斯尔大学

在尼尔研究所进行完学术交流后,我们向他们赠送礼品(马丁教授和希奥帕斯教授为湘绣丝巾,艾伦先生和董昭阳教授为茅台酒,因为他们两人都喜欢喝酒),合影,然后马不停蹄地赶往纽卡斯尔大学的国际事务办公室(学术及国际关系部)。董昭阳教授非常热情,主动陪同我们一起前往。

纽卡斯尔大学(The University of Newcastle, Austrlia),简称"UoN"。建校于 1965 年,是隶属于澳大利亚政府的一所著名大学,位于澳大利亚新南威尔士州的纽卡斯尔市。纽卡斯尔大学作为澳大利亚的著名高等学府,无论在教育还是在研究领域,在澳大利亚都居于领先和创新地位,吸引了世界各地高素质的教师与学生,也是国际上公认的"由问题指导学习"方法的先驱。纽卡斯尔大学目前在校学生 37000 余人,其中留学生 5700 人,分别来自全世界 40 多个国家和地区。

纽卡斯尔大学是由澳大利亚 6 所大学所组成的创新研究组织成员之一。学校有两个校区。最大的校区为寇拉汉"Callaghan"校区,即我们访问参观交流的校区,距离纽卡斯尔市中心12公里。另一校区在纽卡斯尔市与悉尼市中间。目前,纽卡斯尔大学在澳大利亚的36所公立大学中排名第十,在新南威尔士州的12所大学中排名第四。它的建筑学、工程学、医学、护理学以及工商管理在澳大利亚始终处于一流水平,其尼尔研究所(中心)是国际上公认的优秀科研中心。

纽卡斯尔大学由5大学院(学部)组成:

(1)经济与法学院。下设4个学院:法学院;经济与管理学院;纽卡斯尔经济研究生院;经济、政策与观光学院。

(2)教育与艺术学院。下设4个学院:Wollotuka土著研究学院;艺术与音乐学院;教育学院;人类学与社会学院。

(3)科学与信息技术学院。下设5个学院:应用科学学院;心理学院;设计、通信与信息技术学院;环境与生命科学学院;数学与物理学学院。

(4)工程与建筑环境学院。下设3个学院:建筑与环境学院;工程学院;电子工程与计算机科学学院。

(5)健康学院。下设4个学院:生物医学院;健康学院;医疗与公共健康学院;护理学院。

学生可以从5大学院所提供的150个科系中选读大学或研究生课程,包括经济与商业课程、数学课程、电机课程、建筑课程、法律课程、医学课程、护理课程、保健科学课程、音乐课程、教育课程、文学和社会科学课程、美术与设计课程,等等。比如,(1)在商业与法律中,可以学习会计与金融、电子商务、经营策略与企业家、雇佣关系、市场与国际商务、商务管理、人力资源管理与劳资关系、市场营销、应用会计学、法律研究、政治学等;(2)在教育与人文中,可以学习土著文化研究、音乐研究、音乐技术、戏剧表演、澳大利亚文化研究、教育学、实用美术、人文科学、英语、语言学、历史、哲学、宗教研究、人类学与社会学、娱乐与旅游研究、社会工作等;(3)在工程与建筑环境中,可以学习建筑学、建筑设计、土木工程、环境工程、机械工程、测量学、计算机科学、计算机工程、电子工程、软件工程、电信工程学等；(4)在健康科学中，可以学习解剖学、实验药理学、人体生理学、免疫学、微生物学、生物化学、遗传学、医学、放射科学、营养学、职业健康与安全、物理疗法、职业疾病治疗、医药学、人体健康学、临床病理学、护理学、妇产科学等；(5)在理科与信息工程中，可以学习食品工程、人体营养学、中草药治疗学、海运科学、航空学、心理学、信息工程、信息系统、生物学、化学、地理与环境科学、数学、物理学、统计学等。

除了澳大利亚的纽卡斯尔大学外，在英国泰恩河畔的纽卡斯尔市也有一所著名的纽卡斯尔大学。它是英国名校联盟罗素大学集团(Russell Group)的成员之一，是1834年建校的百年老校。目前在英国高校中排名第23位，在世界高校中排名第126位。

在纽卡斯尔大学国际事务办公室，我们与他们就合作办学事宜进行了交谈。许书记代表衡阳师范学院就四个方面的合作表示了意愿：(1)留学生的互相交换；(2)教师间的互相访学和进修；(3)我校学生与纽卡斯尔大学实行2+2的学制；(4)学生之间的互相访问和学习以及举办诸如夏令营之类的活动。纽卡斯尔大学国际事务办公室负责人表示对此很感兴趣，将尽快给校方汇报，拿出具体可行的实施方案。具体事宜由来自广州的林智聪先生(市场协调，具体负责中国、香港、台湾、澳门事务)负责与我校国际交流处赵湘处长联系。

合作办学事宜洽谈结束后，双方合影留念，并互赠礼品。我校的礼品是学校宣传画册和代表湖湘文化的湘绣，纽卡斯尔大学的礼物是一枚纽卡斯尔大学的校徽标记。

会后，我们自己在纽卡斯尔大学校园里参观了一下，他们一般是不陪同客人参观的。在我的印象中纽卡斯尔大学校园是：

1. “三无”。一是无围墙和无校门。整个学校四通八达，到处可以出入，也没有一个校门，甚至连像样的校牌都没有，只是一些路牌标识而已。如果你不进去，即使你进去了，不认真看路边的指示牌的话，你根本不知道你是身处在一所著名的大学校园内；二是无刻意的校园规划。所有的建筑布局和校园风景，几乎全部属于自然状况。学校在几个山丘上，依山丘而建，起伏不平，从没有想到要把山丘推平再建房屋，也没有想到要把道路整平整直。校园内的树木花草基本上是原生态的、自然生长的，不是人工栽培的，甚至于一些诸如芭茅草之类的野草就在路边，也让它自然生长，不予除掉。所以，树林基本上是澳大利亚本土所特有的桉树林和松树林，中间夹杂着野生的灌木丛；三是无高楼大厦。在纽卡斯尔大学，建筑物基本上是3~4层高的房子，此外，还有许多平房。在我所能见到的最高建筑好像是一栋7层(不含架空层)高的楼房。每个院系都是单独的教学楼和实验楼，甚至每个院系的学生宿舍也是单独的。食堂和各种服务商店基本上是平房。

2.“三大”。一是大校园。纽卡斯尔大学建立在几个山丘之上和几个山谷之中，风景优美，树木参天。本来校园就有2000余亩，加之没有高楼大厦，又无围墙，所以你一眼看去，映入眼帘的是多树木而少建筑物，一望无际，根本不知道校园究竟有多大，也不知道究竟是在校园中还是在校园外；二是大停车场。纽卡斯尔大学有37000多学生，加上教职员工，近5万人。在澳大利亚，由于地广人稀，离开汽车基本上是寸步难行，所以大学生和中学生(澳大利亚规定，年满15周岁，即可以申请驾驶执照)绝大部分是开着汽车来上学的。又由于在澳大利亚的大学中学生宿舍不多，大部分学生是住在校外甚至是很远的地方，上学也要开车前来。同时，澳大利亚的公共汽车很不方便，不但线路少，而且开得间隔时间长，基本上是半个小时一趟，有时甚至要等上一个小时才行。加之学校教职员工的汽车，真是“车满为患”，于是整个学校也就成了一个大停车场。不过，教师与学生的车是分别停放的。一般来说，学生的车都是停在学校的各个出入口处，修有大停车场，或者是停放在操场。而教师的汽车均是停放在办公楼、教学楼和实验楼前的停车坪里；三是大环保。因为整个纽卡斯尔大学的校园都笼罩在树林与树荫之下，是一个真正的绿色校园，因此也就是一个环保校园。比如说，树叶落下之后，并不是像我们一样要扫掉或者焚烧，而他们都是堆积在树干下面，既可以保持树干下的水土不流失，又可以作为树木的有机肥料。且金黄色的树叶在路边也算是一种景观，如果踩在树叶上，沙沙作响，这也是一种美的享受。因此，纽卡斯尔大学的校园曾获得澳大利亚政府的建筑奖与环境和谐管理奖等两个奖项。

晚餐由纽卡斯尔大学出面在莱温顿尔酒店宴请我们。参加宴会的有我们一行 6 人，纽卡斯尔大学的一位常务副校长和两位副校长（含艾伦）、国际事务办公室主任、董昭阳教授、马丁教授和希奥帕斯教授等 7 人。桌子由 3 张桌子拼成一长条。吃的是自助餐，各自点上一份自己所需要的一份荤菜和一份素菜。晚宴共两瓶葡萄酒，据说是澳大利亚最贵的，65 澳币一瓶，合人民币 400 多元。我点的是一份羊排和一份土豆泥，因为没有主食，所以我把土豆泥当主食来吃。羊排并不是像我们在中国点的羊排和牛排，实际上只是一大块羊肉而已。味道不怎么样，这也是我们在澳大利亚和新西兰期间吃的唯一一顿正宗的西餐，其他都是在中餐馆吃的。当然，这也是我们吃的唯一一次老外的宴请。

宴请开始前，许金生书记代表衡阳师范学院向纽卡斯尔大学赠送礼品，是为两幅国画（一幅为“八骏图”，另一幅为“花开富贵”，不知出于我校美术系哪位老师之手，不好上前去欣赏和辨认）和一些湘绣作品。餐毕，我们告别，赶回悉尼，他们则继续饮酒聊天（按照澳大利亚的礼节和习俗，宴请的主人只是和客人握手告别，是不起身送客的，更不会像中国人一样将客人送出餐厅）。

晚上 10 点半，我们回到悉尼的宝丽华湾景酒店。因为在纽卡斯尔大学的公务活动耽误了时间，我们比预定的时间晚了 3 个小时回悉尼，所以，导游需要我们额外多付 3 个小时的费用，这是澳大利亚旅游业的行规。超额的服务必须得到超额的报酬。

第四章

走近悉尼

4月24日,星期三,晴。

按照行程计划安排,是日为悉尼城市建设参观考察。早8点,用早餐,9点,正式开始考察活动。因是一个人单独去用早餐,一对热情好客的老外夫妇教会了我怎样烤饼和调饮料。自此后,我经常是一个人去用早餐了。因为我和赵湘处长住在一起,他要照顾校领导,我又不便于参与,所以只能是单独行动了。

第一节　走近悉尼

悉尼(Sydney)是澳大利亚新南威尔士州的首府,濒临太平洋,位于杰克逊湾的低丘之上,是澳大利亚最大的城市和港口。城市是以当时英国的内务大臣悉尼子爵托马斯·汤森(Thomas Townshend,Ist Viscount of Sydeny,1733—1800)来命名的。经过2个多世纪的开拓和经营,悉尼已经成为澳大利亚最繁华的现代化、国际化的大都市,有着“南半球纽约”之称。悉尼不仅是澳大利亚的第一大城市,同时也是澳大利亚商业、贸易、金融、旅游和文化中心。悉尼的生产总值占澳大利亚国民生产总值的30%左右。在悉尼,服务业是其经济的主体,其中金融保险业占澳大利亚行业产值的44%,房地产占41%,批发贸易占38%,餐饮娱乐业占36%,

制造业占35%,建筑业占34%,零售贸易占32%。澳大利亚储备银行和澳大利亚证券交易所均在悉尼,澳大利亚有39家银行的总部设在悉尼。澳大利亚最大的100家公司中,超过四分之三在悉尼设立了公司总部或者分支机构。同时,大部分世界知名跨国企业在悉尼均设有分公司或办事处。

悉尼也是澳大利亚重要的国家和地区性的通信服务场所。澳大利亚国家卫星系统管理中心位于悉尼,澳大利亚连接东南亚的同轴电缆和光缆由悉尼开始。澳大利亚最大的3个商业电视台总部(7台、9台、10台)建在悉尼,澳大利亚2个国家电视台ABC和SBS也建在悉尼。

据2008年的人口统计,悉尼的人口为434万人。而据王导给我们介绍,现在悉尼的总人口已经达到了近600万,其中华人为50多万,占人口总数的8.3%左右。悉尼市民最普遍地把自己的血统形容为澳大利亚人、英国人及爱尔兰人。悉尼的三大移民来源地为英国、大中华区及新西兰。第二次世界大战结束后,大量欧洲、中东地区、东南亚的移民涌入澳大利亚,他们都把悉尼作为首选之地。悉尼原来外来移民按人口数量来说,以意大利人居多,其次分别是黎巴嫩人、土耳其人、希腊人、华人和越南人。改革开放后,大量华人移居悉尼,人数剧增,目前成为悉尼的第二大少数民族。

大多数悉尼市民是以英语为母语的,不少人会说第二语言,其中最普遍的是中文(普通话和粤语)、阿拉伯语和希腊语。大约有三分之二的悉尼市民认为自己是基督教徒,最普遍的教派是天主教教徒和英国国教教徒。大约10%的居民信奉佛教,而12%左右的市民则没有宗教信仰。

澳大利亚的原住居民在悉尼至少有3万年以上的历史。当英国人第一次到达悉尼时,悉尼尚有近8000人的原住居民,不同的部落讲着不同的地方语言:塔鲁尔语(Darug),为一种海岸方言;塔尔瓦斯语(Dharawal);顾林凯语(Guringai)。各个部落都有各自的领土和势力范围。

1770年,英国海军上校詹姆斯·库克(James Cook),即历史上著名的库克船长(他先后发现了澳大利亚、新西兰和夏威夷),在探险中发现了澳大利亚的植物湾(Botany Bay)。英国政府和议会接到报告后,对澳大利亚产生了浓厚的兴趣。1788 年,亚瑟·菲利浦奉英国政府之命,在澳大利亚杰克逊港(Port Jackson)的悉尼湾建立了英国罪犯流放地。菲利浦以当年英国内政大臣托马斯·汤森·悉尼子爵(Thomas Townshend Lord Sydney)的名字来命名该地,以褒奖悉尼子爵发布宪章,批准他在澳大利亚建立流放地的贡献。

1789 年 4 月,一场疾病(天花)夺去了悉尼不少原住民的生命。大约 1000 位原住民死于这场瘟疫之中,土著居民塔鲁尔和顾林凯两个部落也受到牵连。他们认为是英国人把瘟疫带给了他们,于是对英国殖民者进行反抗。以原住民勇士领袖佩母尔戊(Pemulwuy)为首,在植物湾附近地区对英国人发动战争。在这场反殖民战争中,大量的原住民被英国殖民者所杀害,到了 1820 年,悉尼地区的原住民只剩下不到 1000 人。1796 年,澳大利亚新南威尔士州的麦觉理总督(Governor Macquarie)到任,实行把悉尼原住民"开化、基督教化和教化"的"三化"政策,强行地将原住民的小孩离开他们的部落,而是寄养在英国移民的家庭。这一代原住民被称为"无根原住民"或"寄养原住民",是英国殖民政策的牺牲品。两个世纪之后,20 世纪 90 年代,这些被迫离开自己部落而被寄养在白人家庭原住民的后代,发起了一场大规模的回归运动。迫使澳大利亚政府公开为麦觉理的政策向澳大利亚原住民道歉,并给予他们的后代以经济赔偿以及在其他方面的优惠政策。

正是在麦觉理任新南威尔士州总督期间,悉尼有了初步的发展。流放在悉尼的英国囚犯们修筑了道路、桥梁、码头和公共建筑。到麦觉理卸任时,悉尼已经有了银行、市场、警察机构、法院和完善的道路和城市建设。到了 19 世纪 30 年代,特别是 1842 年 7 月 20 日,悉尼正式建市,使得成批的船只浩浩荡荡从大不列颠群岛源源不断地向悉尼开来,它们满载着希望在新的国家新的乐土开展新的生活的英国移民,因此悉尼进入到了高度发展的黄金时代。历史上澳大利亚的首次淘金热开始于1851年，悉尼的港口涌入了来自世界各地的人潮，尤其是随着蒸汽动力电车和铁路系统的问世，悉尼城区的发展更加迅速。工业化所带来的成果之一是悉尼城市人口急剧上升和膨胀，当历史进入20世纪时，悉尼的人口已经超过了100万。

1932年，悉尼的港湾大桥建成，成为这个时期最重要的历史事件之一（在后文有专门的论述）。

在第二次世界大战中，1942年，日本海军曾派遣小型潜艇偷袭悉尼港口，使远离战争乐土上的澳大利亚人也感到了战争的威胁。

悉尼是著名的旅游城市，气候宜人、环境优美、景色秀丽、日照充足、雨量充沛、蓝天白云、空气清新、冬无严寒、夏无酷暑。悉尼拥有全球最大的天然海港杰克逊港和无数的海滩。著名的旅游景点有：悉尼歌剧院、港湾大桥、麦觉理广场、环形码头、情人港（达令港）、奥林匹克公园、邦迪海滩、澳洲博物馆、美术馆、皇家国家公园、皇家植物园、中央海岸、悉尼动物园等。

在土著居民的语言中，悉尼被称为"Warrane"。此外，在加拿大的新斯科舍省的东北部，也有一座城市叫悉尼，其名称来源与澳大利亚的悉尼相同。

悉尼的学校分公立学校、教会学校和私立学校三种。公立学校包括幼儿园、小学、中学和大学。悉尼共有公立学校919所。在高等教育方面，悉尼有6所公立大学：

1. 悉尼大学（University of Sydney），英文缩写"USYD"。在澳大利亚华人中，习惯性地称悉尼大学为"雪梨大学"。1850年创办，是澳大利亚的第一所大学和整个大洋洲的第一所大学。在澳大利亚为五星级大学，是澳大利亚八大名校的成员，被归为六所砂岩学府之一。悉尼大学同时是环太平洋大学联盟与亚太国际贸易教育暨研究联盟的成员，在世界大学排名中是前50位的大学。在澳大利亚，悉尼大学承认中国内地的高考成绩。

悉尼大学的历史可以追溯到1848年。当时的新南威尔士绅士名流威廉·温特沃斯(William Wentworth)在立法会议上提议将1830年建立的悉尼学院(Sydney College)扩展成为一所大学。这时,新南威尔士州正在经历一场关于这片土地的未来和命运的大辩论。因为从澳大利亚殖民地初创开始,延续了60多年的在新南威尔士流放英国罪犯的政策于1840年被终止。同时,自愿前来澳大利亚谋生的移民愈来愈多。于是,温特沃斯等政治活动家提出结束总督独裁,由民选代表来负责政府决策。他们认为,一个想要实现自治的社会必须有一所无教派的公立大学;公立大学能够给予每个孩子机会,无论出生阶级,来"为了他的国家的命运成为一个伟大和有用的人……不论它是摩西、耶稣、穆罕默德、毗湿奴还是佛的信徒"。温特沃斯的设想经过两次提议和辩论后才最终得以通过。

1850年10月1日,新南威尔士总督签署了《悉尼大学法》,澳大利亚的第一所大学正式成立。1852年10月11日,悉尼大学正式开课。1858年2月27日,英国维多利亚女王(Alexandnina Victoria,1837—1901年在位)授予悉尼大学皇家特许状,准许悉尼大学颁布的学位与英国本土的大学拥有相同的地位。1859年,悉尼大学迁到现在的地址坎伯当(Camperdown)。

1881年,悉尼大学开始招收女生,并且与男生同等入学,成为世界历史上最早实现男女平等的大学之一。

悉尼大学的教学研究组织结构完全仿照牛津大学和剑桥大学的体系:第一级机构是系(Faculty),下辖各个学院(School)和研究所(Institute),学院下辖各学科(Department)或专业(Discipline)。这种结构不同于中国和美国一些大学通用的以学院为基本单位的组织结构。但是一部分学院不隶属于任何系,行政级别是和系是同等的。过去悉尼大学的各系分属于三个牛津大学式的大学院(School)制——人文、理工和医药。这相当于剑桥大学的学院(School)或中国一些大学的"部"。20世纪末,悉尼大学取消了大学院的建制。悉尼大学现在共有16个系和独立学院：

(1)农业、食品与自然资源系(Faculty of Agriculture,Food and Natural Resources)。悉尼大学农学院的历史可以追溯到1910年开设的农学专业。全系现有100多个教职员工,有3个研究专业:农业和资源经济;农作物和食品系统;农业环境系统。该系下属还有一个植物繁殖研究所。农业、食品与自然资源系与兽医系、理科系组成了悉尼大学的自然科学院系组。

(2)建筑、设计与规划系(Faculty of Architecture,Design and Planning)。建筑系由4个专业组成:建筑与关联工艺;建筑与设计科学;设计计算学和认知学;城市和乡村规划与政策。

(3)文科与社会科学系(Faculty of Arts and Social Science)。文科系是悉尼大学历史最悠久的院系。1852年开始授课,1856年任命第一个系主任。2011年,原来的经济与商学系下的经济学院被并入,系名于是改为现名。该系下辖5个学院:文学、艺术与媒体学院;语言文化学院;哲学与历史研究学院;社会与政治学院;经济学院。此外,还拥有国际安全研究所和政府学研究生院。

(4)商学院(Business School)。创建于1920年的经济学系在20世纪90年代发展成为经济与商学系,下辖经济学院和商学院。从2008年开始,悉尼大学决定将原来经济学院下的科系逐步转入文科系,成为文科系下的两个学院和两个研究所。2011年,经济与商学系被撤销。原商学院和原经济学院的少数学科组成独立的商学院,下辖8个科系:会计;商业分析;商务信息系统;商法;金融;国际商务;市场行销;工作和组织学(管理学与人力资源管理和劳资关系)。两个研究所:交通运输及物流研究所;劳资关系研究所。

(5)牙医系(Faculty of Dentistry)。创建于1901年,是澳大利亚第一所牙医学院。下辖两所附属医疗机构:悉尼牙科医院;威斯密口腔卫生中心。

(6)教育与社工系(Faculty of Education and Social Work)。悉尼大学教育系成立于1910年,1989年悉尼教育学院(前身为1906年建立的悉尼教师学院)并入。原文科系下的社会工作与政策学院成立于1940年。2003年教育系与社会工作与政策学院合并成为教育与社工系。

(7)工程与信息技术系(Faculty of Engineering and Information)。1920年成立的悉尼大学工程系是澳大利亚第一所工学院。工程系最早是1883年开办的理学院工程专业,1909年成立工学院,1920年升为独立的工程系。20世纪五六十年代,工程系随着悉尼大学的扩招和科技的发展而迅速发展,以至于悉尼大学新设立的达令顿校区的大部分都为工程系所使用。现在的工程系下辖6个学院:航天、机械及电子机械工程学院;化学与生物分子工程学院;土木工程学院;电气及资讯工程学院;信息技术学院;工程与信息技术学系研究生院。此外,工程系下面还有10多个各领域的研究所。

(8)卫生科学系(Faculty of Health Sciences)。悉尼大学卫生科学系的前身是1973年成立的坎伯兰卫生学院,1979年迁至悉尼西区的现校区,1989年并入悉尼大学,1994年护理专业并入悉尼护理学院。卫生科学系下辖9个科和专业:卫生行为和社会学;健身与体育学;卫生信息学;医疗放射学;职业病防治;视觉矫正;物理治疗;康复咨询;语言病理学。

(9)悉尼法学院(Sydney Law School)。1855年成立的悉尼法学院是澳大利亚最早成立的法学院,是澳大利亚公认的质量和荣誉最高的两所法学院之一(另一所为墨尔本大学的墨尔本法学院)。悉尼法学院的校友包括一位联合国大会主席、4位澳大利亚联邦总理、23位澳大利亚最高法院(联邦高等法院)法官(超过总数的50%)、22位罗德奖学金获得者。在澳大利亚的历史上,至少发生过两次(1974—1975年、1998—2001年)国家的行政、立法、司法三权首长都是悉尼法学院毕业生的情况。悉尼法学院的实力,由此可见一斑。

(10)悉尼医学院(Sydney Medical School)。1856年成立的悉尼医学

院是澳大利亚最早成立的医学院。悉尼医学院的附属教学医院遍布新南威尔士州,其中7所是悉尼大都会区的大型医院,2所是乡镇地区大型医院。此外,还有数座小型医院。悉尼医学院下辖8所临床学院负责这些医院的临床教学。悉尼医学院下辖还有两所学院和一个科:公共卫生学院;医疗科学学院;乡村卫生科。

(11)悉尼护理学院(Sydney Nursing School)。悉尼护理学院的前身是1970年设立的坎伯兰卫生学院的护理学院。1990年,原来的悉尼技术教育学院下辖的护理学院并入了悉尼大学。1991年,悉尼大学在此基础上成立了护理系。1994年,原坎伯兰卫生学院的护理学院并入护理系。2005年,所有的护理科系全部合并。2004年前,新南威尔士州所有注册前的护理课程都由悉尼大学授课。悉尼大学以学生人数过多、负担太重为由,经过联邦政府批准,把注册前护理课程分散到其他大学,使得悉尼大学得以专注高质量的双学位课程、研究性课程和研究生教育。2005年,护理系改名为护理与接生学院;2009年,改组为悉尼护理学院,使得护理系在名称是和其他两个专业系(医学院和法学院)相一致。

(12)药剂系(Faculty of Pharmacy)。悉尼大学药剂系的历史可以追溯到1899年开始的药剂专业课程。1949年开始药学研究项目,并开始任命药学教授。1960年,开办药剂学学士课程。2000年,药剂学科独立建学院,成为澳大利亚第一所药剂学院。

(13)理学系(Faculty of Science)。悉尼大学从1852年就开始有了理科课程并任命了数学与自然科学教授,但是直到1882年才将文理科分开建系。理学系下辖7个学院和1个学院级研究组(Unit)、11个其他专业、12个各领域的科学研究所。学院和研究组为:生物学院;物理学院;心理学院;化学院;地学院;科学的历史与哲学研究组;数学统计学院;分子生物学院。其他专业分别是:农业化学;解剖及组织学;信息技术;疾病学;药学;生理学;环境科学;人类营养学;传染病与防疫学;分子生物技术;土壤科学。

(14)悉尼艺术学院(Sydney College of the Arts)。悉尼艺术学院是悉尼大学的视觉美术系。艺术学院的工作室包括陶瓷、珠宝和饰物、玻璃、摄影、影像与数码艺术、绘画、印刷艺术、雕塑、表演和装置艺术、艺术理论研究等。

(15)悉尼音乐学院(Sydney Conservatorium of Music)。悉尼音乐学院是澳大利亚历史最悠久、最具盛名的音乐学院之一。1915 年,新南威尔士州政府拨款将原总督府马厩改建为音乐学院。1916 年 3 月 6 日,新南威尔士州音乐学院正式成立。1918 年,音乐学院附属中学成立。1935 年,音乐学院建立了美声学院。此后,悉尼音乐学院按照"社区(业余)、中等(中学)、高等(学院)"的三部教育模式逐渐发展成立完整的音乐专业大学。1990 年,音乐学院并入悉尼大学。

(16)兽医系(Faculty of Veterinary Science)。悉尼大学兽医系创办于 1910 年 3 月 22 日,当时是澳大利亚第二所兽医学院。随着 1930 年墨尔本大学兽医学院的关闭,它于是成为澳大利亚历史最悠久的兽医学院。1923 年,兽医学院升为兽医系,此后在相当长的一段时间内是澳大利亚唯一的一所大学兽医系。兽医系的附属教学医院和诊所包括:悉尼小型动物医院;坎姆顿大型与小型动物医院;牲畜兽医服务医院;鸟类、爬虫与稀有宠物医院等。

悉尼大学 2013 年注册学生的总数为 51394 人,其中全职学生 40273 人,兼职学生为 11121 人;男生为 22105 人,女生为 29289 人。学生人数最多的 5 个院系排名为:文科及社会科学系;商学院;理科系;工程与信息技术系;卫生科学系。这 5 个院系包含了全校 63.6% 的学生。在 2013 年注册学生中,海外留学生有 10588 人,其中来自中国大陆的留学生为 4685 人,占悉尼大学全部东北亚留学生的 75.9%。来自台湾、香港、澳门的留学生 861 人。当然,其中不包括澳大利亚本地的华人学生。

悉尼大学的最高行政机构是校董会,其权力由《悉尼大学法》规定并由新南威尔士州议会问责。除了校监、校长和教务长之外,其他 19 位校董中有6位由新南威尔士州政府指定和1位由校董会指定的外部校董,4位教师校董,1位其他职工校董,1位本科生校董,1位研究生校董,5位毕业生校董。校董会的主席是校监,由校董会选举产生,任期为4年。学校的日常行政长官是校长(副校监,Vice - Chancellor,Principal),历史上的悉尼大学校长多为教授和法官。

1857年,伦敦的纹章院授予悉尼大学盾章。悉尼大学的纹章(校徽)上部三分之一是同时象征英格兰和剑桥大学的“行守之狮”(Lion Passant Guardant),主体下部是点缀4枚八角星的蓝十字,类似当时已作为新南威尔士的非正式标志使用的“南十字星”图案。校徽上方的中央位置上则放置了一本象征牛津大学的打开的书,校徽下方是载有校训的绶带。悉尼大学的校训为 *Sidere mens erddem mutato*(拉丁文,意思为:繁星纵变,智慧永恒。英文译作:“Though the constellations change,the mind is universal”)。其原来的意思是说:“即使南北半球的星象不同,但享有的知识和智慧却是一样的。”后来衍生出来的含义为“悉尼大学在南半球传承了北半球古老名校的传统”。据说,澳大利亚著名作家,同时也是悉尼大学校友的詹姆斯(Clive James)在他1981年出版的自传体小说中,故意地将悉尼大学的校训错误地翻译为:“悉尼大学实际上是牛津大学或剑桥大学,横向平移了大约12000英里。”

作为澳大利亚的第一所大学,悉尼大学自创办至今的160多年里,为澳大利亚或者全世界培养出了一大批著名人士。在澳大利亚国家领导人方面包括了6位总理:澳大利亚第一位总理埃德蒙·巴顿爵士(Sir Edmund Barton,1901年1月1日—1903年9月24日担任总理);第11位总理厄尔·佩吉爵士(Sir Earle Page,1939年4月7日—1939年4月26日担任总理);第20位总理威廉·麦克马洪(William Mcmahon,1971年3月10日—1972年12月5日担任总理);第21位总理高夫·惠特兰(Gough Whitlam,1972年12月5日—1975年11月11日担任总理);第25位总理约翰·霍华德(John Howard,1996年3月11日—2007年12月3日担任总理);第28位总理托尼·艾伯特(Tony Abbott,2013年9月18日至今担任总理)。23位最高法院(联邦高等法院)的大法官,超过了历任大法官总数的一半以上。在国际组织方面,悉尼大学的校友包括了联合国第三届会议主席(1948年)伊瓦特(Herbert Vere Evait)、第9届世界银行行长(1995—2005年)詹姆斯·沃尔芬森(James Wolfensohn)。悉尼大学校友担任其他国家领导人的有汤加国王陶法阿豪·图普四世(Taufa'ahau Tupou Ⅳ,1965—2006年在位),以及两位英国上议院议员。此外,在悉尼大学的校友中,出现了无数的澳大利亚各州州长、州督(主管)、州最高法院法官、联邦储备银行行长,以及澳大利亚、英国、香港、印度等国家和地区的大法官和州长、市长等。

在科学方面,悉尼大学培养了3位诺贝尔奖得主,他们分别是:1947年诺贝尔化学奖获得者罗伯特·鲁滨孙爵士(Sir Robert Robinson,1886—1975),因对植物生物碱的研究而获诺贝尔化学奖;1975年诺贝尔化学奖得主约翰·康福斯(John Cornforth),因对立体化学的贡献而获诺贝尔化学奖。据说,约翰·康福斯幼年患有严重的耳疾,以至于婚后完全丧失了听力,但他以顽强的毅力从事科学研究,为科学事业做出了巨大的贡献。其精神之高尚、毅力之坚韧、贡献之巨大,确实令人钦佩;1994年诺贝尔经济学奖得主约翰·海萨尼(John Harsanyi,1920—2000),因对博弈论的研究以及将博弈理论应用于经济学的贡献而获诺贝尔经济学奖。此外,悉尼大学所培养的科学家中有一大批成为英国皇家学会会员和澳大利亚科学院院士,其中包括1位英国皇家学会会长和6位澳大利亚科学院院长。

2. 麦觉理大学(Macquarie University),也翻译成“麦考瑞大学”,英文缩写“MQ”。1964年创办,为澳大利亚8所研究型大学之一,世界大学排名前200名。

麦觉理大学的学生有37000多人,其中约7900多名学生为来自71个不同国家和地区的海外留学生。教职工2200多人,其中65%以上拥有博士学位。麦觉理大学分为商业学院、人文和社会科学学院、科技学院三大院系,其中商学院在世界上享有盛誉。主要学科有:经济与金融;管理学;教育学;语言学与心理学;人文学科;法学;社会学;文化媒体;激光研究;环境与生命科学;信息与计算机科学,等等。

3. 悉尼科技大学(University of Technology Sydney),英文缩写"UTS"。1843年创办,当时叫悉尼机械学院(Sydney Mechanics Institute),是澳大利亚第一所机械学院。1878年改为悉尼技术学院(Sydney Technicai College,又译为悉尼理工学院),1969年悉尼技术学院的一部分独立成为新南威尔士州科技学院。1988年,在新南威尔士州议会法案下,改名为悉尼科技大学。1989年,悉尼科技大学在《高等教育法》的条例下,整合了Kuring - gai高等教育学院和悉尼高等教育学院技术和成人教育中心。1990年,悉尼科技大学成立法学院,成为综合性大学。在世界大学排名中名列世界100强。

悉尼科技大学下辖的院系有:商学院,下设会计学系、金融与经济学系、休闲体育观光学系、管理学系和行销学系;土木建筑设计学院;教育学院;工学院;人文社会学院;资讯学院;法学院;护理健康学院;理学院;国际研究学院;企业管理研究所。现有学生33000余人,其中近40%为研究生。

悉尼科技大学海外最大的合作院校为上海大学悉尼工商学院。它始建于1994年,为我国国内最早成立的公立中外合作商学院,为上海大学直属学院,也是全国211工程建设高校唯一的一所中外合作商学院。

4. 新南威尔士大学(University of New South Wales),英文缩写"UNSW",当地华人称为"纽修威大学"。1949年创办,是澳大利亚8大名校之一,也是世界排名前50位的大学。

新南威尔士大学的历史实际上可以追溯到1878年创办的悉尼技术学院以及更早的于1843年创办的悉尼机械学院。但通常认为它正式创立于1949年,最初命名为新南威尔士科技大学(New South Wales University of Technology),主要是侧重于工程学与工学。1958 年,为了适应大学的全面教育改革,使学校变成一个现代化多元化的高等学府,校名改为“新南威尔士大学”。1960 年,学校设立了社会文科学院;1961 年,设立了医学院;1971 年,设立了法学院。

新南威尔士大学注重国际交流,它的办学风格美国化,不像悉尼大学那样顽强地保留着英国牛津大学与剑桥大学的传统,因此吸引众多的美国学生前来学习。同时,该校鼓励本校学生在学习期间前往世界其他优秀大学进行交流。目前,新南威尔士大学已与全世界 160 多所优秀大学有着广泛的合作,其中包括中国大陆的北京大学和清华大学。

新南威尔士大学于 1952 年获得了英国纹章院授予的校徽。校徽中央有着常见的象征守护英国律法的守护之狮(Lion Passant Guardant),被象征南十字星座的 4 颗八角星环绕。守护之狮和 4 颗八角星象征新南威尔士,与新南威尔士州政府的纹章设计相互辉映。校徽上方则是象征真理与智慧的书,其构想来自于伦敦帝国学院 1907 年设立的校徽。

新南威尔士大学的校训是 *Scientia Manu et Mente*(拉丁文,意思为:Knowledge by Hand and Mind;中文翻译为:实践思考出真理),反映新南威尔士大学对科学研究的精进和实践精神。该校训传承于新南威尔士大学的前身悉尼技术学院。

新南威尔士大学共有 9 大学院:

(1)文学暨社会学院(Faculty of Art and Social Sciences)。隶属于文学暨社会学院的共有 12 个系:教育学系(School of Education);英文学系(School English);历史学系(School of History);历史与科学哲学系(School of History and Philosophy of Science);传播、电影和戏剧学系(School of Media,Film and Theatre);现代语言学系(School of Moderm Language Studies);音乐与音乐教育学系(School of Music and Music Education);哲学系(School of Philosophy);政治与国际关系学系(School of Politics and International Relations);社会科学与政策学系(School of Social Science and Policy);社会工作系(School of Social Work);社会学与人类学系(School of Sociology and Anthropology)。

(2)建筑环境学院(Faculty of the Built Environment)。新南威尔士大学的建筑环境学院是澳大利亚最大的建筑学院。北京2008年奥运会游泳馆(水立方)的设计者、悉尼歌剧院内部翻修总策划人、澳大利亚第一个普利兹克奖的获得者都出自该学院。建筑环境学院的专业有:建筑资讯(Architectural Computing);建筑学(Architectural Studies);建设与物业管理(Construction Management and Property);室内建筑(Interior Architecture);工业设计(Industrial Design);景观建筑(Landscape Architecture);城市规划(Planning)。

(3)澳大利亚商学院(Australian School of Business,简称ASB)。澳大利亚商学院是2007年由新南威尔士大学"澳大利亚管理研究所"整合而来,是世界上最大的商学院之一,共有学生8700多名(其中本科生5600多名,硕士生2900多名,博士生250人)。澳大利亚商学院成立的目的是培育管理与商务人才,提供工商管理学位。1999年1月,澳大利亚管理研究所与悉尼大学的商学研究所合并。2005年11月,悉尼大学宣布退出澳大利亚管理研究所,澳大利亚管理研究所为新南威尔士大学独家所有。2006年4月,澳大利亚管理研究所与校内的商学院正式宣布合并,更名为澳大利亚商学院。下辖8个系:会计系(School of Accounting);风险与精算学系(School of Risk and Actuarial Studies);银行与金融学系(School of Banking and Finance);税务与商法学系(School of Taxation and Business Law);经济学系(School of Economics);信息系统与科技学系(School of Information Systems and Technology);管理学系(School of Management,包括管理学、人力资源管理和国际商务);市场营销学系(School of Marketing)。

(4)工学院(Faculty of Engineering)。新南威尔士大学工学院是澳大利亚最大的工程学院,共有10个学系:生物医学工程研究所(Graduate

School of Biomedical Engineering)；化学工程与工业化学系(School of Chemical Engineering and Industrial Chemistry)；土木与环境工程学系(School of Civil and Environmental Engineering)；计算机科学与工程系(School of Computer Science and Engineering)；电机工程与通讯学系(School of Electrical Engineering and Telecommunications)；机械与制造工程学系(School of Mechanical and Manufacturing Engineering)；采矿工程学系(School of Mining Engineering)；石油工程学系(School of Petroleum Engineering)；太阳能电力工程学系(School of Photovoltaic Engineering)；测量与空间信息系统学系(School of Surveying and Spatial Informating Systems)。

(5)法学院(Faculty of Law)。新南威尔士大学法学院成立于1971年3月1日,当时在新南威尔士州只有悉尼大学提供法学学位课程。现在新南威尔士大学法学院已成为澳大利亚顶尖的法学院之一,它不仅包含了澳大利亚最大的税务学校,也参与了澳大利亚联邦宪法的制定与修改工作。

(6)医学院(Faculty of Medicine)。新南威尔士大学医学院成立于1960年7月。下辖9个系与诊所学校:医疗科学系(School of Medical)；精神医学系(School of Psychiatry)；公共健康与社区医学系(School of Public Health and Community Medicine)；女性与儿童健康学系(School of Women's and Children' Health)；Rural Clinical School；Prince of Wales Clinical School；St George Clinical School；St Vincent's Clinical School；South Western Sydney Clinical School。

(7)科学学院(Faculty of Science)。该学院的水环境实验室和艾滋病研究中心在世界上居于领先地位。下辖10个系部:航空部(Department of Aviation)；生物、地球和环境科学系(School of Biological,Earth and Environmental Sciences)；生物技术与生物分子科学系(School of Biotechnology and Biomolecular Sciences)；化学系(School of Chmistry)；材料科学与工程

学系(School of Materials Science and Engineering);数学及统计学系(School of Mathematics and Statistics);眼视光学与视觉科学系(School of Optometry and Vision Science);物理学系(School of Physics);心理学系(School of Psychology);安全科学系(School of Safety Science)。

(8)艺术学院(College of Fine Arts)。艺术学院下辖5个系:艺术学系(School of Art);艺术教育系(School of Art Education);艺术历史与理论学系(School of Art History and Theory);设计学系(School of Design Studies);传播艺术学系(School of Media Arts)。

(9)澳大利亚国防学院(ADFA)。国防学院是专门为澳大利亚初级军官提供高等教育的军事学院。澳大利亚的军事教育制度与传统的西方国家不同,陆海空三军职业军官的基础教育均在澳大利亚国防学院进行。但是,仍然保留三军各军种的军官学校,是对国防学院毕业的军官进行第二阶段的专业化训练。国防学院的课程主要分两类:一般科学与军种军事课程。由澳大利亚陆海空军官学校提供课程;学术课程。由新南威尔士大学安排高等教育课程,其中包含科技、工程、人文与社会科学等。国防学院的学生毕业后授予学士学位,送至三军军官学校接受军事训练后,以中尉军衔任军官。国防学院下辖5个系:航空、土木与机械工程系(School of Aerospace,Civil and Mechanical Engineering);商学系(School of Business);人文与社会科学系(School of Humanities and Social Scinces);信息技术与电机工程学系(School of Information Technology and Electrical Engineering);物理、环境与数理科学系(School of Physical,Environmental and Mathematical Sciences)。

5. 西悉尼大学(University of Westerm Sydney),缩写"UWS"。是澳大利亚首家联合大学,1989年由豪可斯伯瑞学院、马卡瑟学院、内匹安学院三家学院组成,其中最古老的学院已有100多年的历史。西悉尼大学分别在20多个国家和地区与超过50所大学有着合作关系,在新加坡、印尼、印度、马来西亚、中国、中国台湾以及中国香港均有合作。

西悉尼大学下设19个学院:农业与园艺学院(含农业经济、园艺学、农业科学、土地和水资源、资源经济等专业);人文学院(含社会学、社会工作、文科学、文科法律、历史学、哲学、公共事务与公共政策等专业);航空学院(含航空与航天、航空动力学、航空服务于管理等专业);商学院(含商业、经济学、商业工程、物流管理、市场营销等专业);传播、媒体与设计学院(含传媒学、通讯与媒体、广告设计等专业);工程、建筑与设计学院(含工程学、建筑学、建筑设计、家装设计、物流工程等专业);环境科学学院(含环境科学、环境保护、环境监测等专业);食品科学学院(含食品科学、食品安全、食品加工、营养学等专业);健康科学和护理学院(含行为健康学、体育锻炼学、休闲与健康、职业疗法、视力矫正、物理疗法、护理学、医药学、牙医外科等专业);信息技术和计算机学院(含信息工程、计算机技术、信息安全等专业);国际研究学院(含国际政治、国际关系、国际研究、外交学等专业);语言学院;法学院(含法律、商法、经济法、社会法学、科学法等专业);政策和犯罪学研究学院;心理学学院(含心理学、心理咨询、心理矫正、应用心理学等专业);理学院(含数学、应用数学、物理学、化学等专业);教育学院(含教育学、中小学教育等专业);旅游学院;艺术学院(含音乐学、音乐研究、爵士音乐研究、演奏、可视艺术等专业)。

6. 澳洲天主教大学(Australian Catholic University),缩写“ACU”。澳大利亚天主教大学是一所独立的大学,由澳大利亚政府资助。虽然它忠实于天主教精神,但也向一切有宗教信仰和背景的人们开放,并努力按照基督教的原则进行传统培养和促进教学、科研和学术活动。

澳大利亚天主教大学是世界上知名的天主教大学之一。学校成立于1991年1月1日,由澳大利亚东部的四所天主教大专院校学院合并(新南威尔士州的悉尼天主教教育学院、维多利亚州的天主教教育研究所、昆士兰州的McAuley学院、澳大利亚首都直辖区的Signadou教育学院)而成。因此,该大学共有6个校区,分布在5个城市,成为澳大利亚唯一一所跨州大学。

澳大利亚天主教大学拥有从学士到博士的学位授予权,下设4个学院:人文与科学学院;商业与信息学院;保健学院;教育学院。所设置的专业有:人文社会学;行销学;教育学;宗教研究;管理学;国际贸易;护理学;社会科学;财务管理;人类进化学;会计学;管理学;计算机科学;环境科学;法学;社会工作;行政管理学;音乐学;艺术学;美术学;家庭研究;设计等。

此外,在悉尼开办附属分校的大学有澳大利亚圣母大学和卧龙岗大学。悉尼还有4所跨校的公立技术与进修学院,相当于我们各地的职业技术学院(高职高专)和教育学院,主要是提供职业技术培训:悉尼技术学院、北悉尼技术及进修学院、西悉尼技术及进修学院和西南悉尼技术及进修学院。

中华人民共和国于1972年同澳大利亚联邦政府正式建立外交关系。1979年3月在悉尼设立总领事馆。澳大利亚的新南威尔士州目前同中国的广东省结为友好州省,因此广东省人民政府在悉尼的情人港(达令港)建设了具有中国民族特色的建筑——“中国花园”以表纪念。悉尼市则同中国的广州市、东莞市、成都市建立了友好城市。

第二节 深入悉尼

按照原来的计划,我们考察悉尼的顺序为:上午考察邦迪海滩、达令港(爱情港)、悉尼歌剧院、悉尼奥运会场馆;下午考察世界上唯一一家室内动物园——悉尼野生动物园,然后乘下午5点15分的航班飞往墨尔本。但是,我们没有按照原来的计划行事,一是放弃了悉尼奥运会场馆的参观,二是以方便就近为原则,三是增加了中央商业区的参观。

一、双湾与邦迪海滩

上午,我们首先来到了所谓悉尼的富人区——悉尼双湾。双湾,一个是悉尼内海海湾,一个是南太平洋海湾,所以被称为“双湾”(Double Bay)。它位于悉尼的东部,靠近太平洋,也是悉尼最早殖民化的地方。这里的地势高,面临太平洋,所有的建筑都充满着浓厚的地中海气息,也有着万国建筑博览馆的意味。一般来说,在这里居住的,不是各种明星,就是社会上流人士;不是本地的阔佬,就是外地的大款。在这里居住的富人们都拥有自己的游艇,这在他们别墅的草地上,或者别墅的路旁都可以看到。下班后,或者周末和假期,他们喜欢开着车拉着自己的游艇下海,车的后备厢中有着拉游艇的工具。虽然这里的道路不是很宽,仅仅只是两车道而已,但行驶的车辆并不多,行人很少见,偶尔看见几个老年人在散步或者在自家的花园里修剪花草,即使像我们这样的游客也不多。在我的印象中,好像没有见到过有公共汽车(公交车)驶过,也没有见到公共汽车站和站牌。这里的建筑一般都是别墅群,多为欧洲中世纪古堡式的仿古建筑,依山而建。因为树木植被保护得相当好,所以你所见到的双湾是一片沉浸在绿色海洋中的古老城堡和现代都市的完美结合。在双湾,相当多的房屋前喜欢插上澳大利亚国旗。房屋的中间或者公路的旁边,整理出绿地草坪,可以看到一些成年人在打高尔夫球,而一些年轻人和儿童则在草地上玩英式橄榄球。站在双湾的最高处鸟瞰悉尼,见到的是一个风光绮丽的美丽海洋城市。

考察的第二站是悉尼美丽的邦迪海滩。悉尼邦迪海滩(Bondi Beach)的名称来源于澳大利亚原住民的语言“Bondi”,意思是海水拍岸的声浪。它距悉尼商业中心区以东约7公里。邦迪海滩长达1公里,虽然是个沙滩滨海小镇,却是澳大利亚具有悠久历史的冲浪运动中心,是澳大利亚传统冲浪救生的训练基地。如果在夏天周末,在邦迪海滩则有各种冲浪活动,运动员们轮番上阵进行表演,民间乐队则在岸边的沙滩上进行各种演唱表演，此外还有各种民俗活动和艺术展览活动。

在邦迪海滩，许金生书记和赵湘处长在海堤上面没有下到海滩。我与童校长、魏主任、邓所长四人则到沙滩上尽情地领略了海风、海浪、海潮、海鸥的风采，享受了阳光、沙滩、蓝天、白云的韵味。海面吹来的微风，清新而略带咸腥味；海浪有规律地拍打海岸，掀起浪花朵朵；海潮伴随着沉闷的轰鸣声，以排山倒海之势咆哮着扑向海堤、涌上沙滩；海鸥挥动着白色的翅膀，一会儿在海面上翱翔，在浪尖上弄潮，一会儿在沙滩上觅食，在人群中穿梭，全然不惧大海的咆哮和浪花，也不惧来来往往的行人和汽车；上午的阳光温暖而温馨，在邦迪海滩的沙滩上、草地上人们在尽情地享受着阳光浴；在银白色的沙滩上，有的在戏水，有的在跑步，有的在打沙滩排球，有的埋在沙子中享受沙浴和阳光浴；蔚蓝的天空，有几朵白云在飘动，像银发飘飘，像絮花舞动，这时你就会真正地体会到什么是海天一色，什么是“海风轻轻地吹，海浪轻轻地摇”的感觉。澳大利亚人喜欢阳光，喜欢大海。无论是老人、妇女、儿童，都喜欢晒太阳，都喜欢游泳。在邦迪海滩，我看见有 60 多岁的妇人在大海中游泳，也看到十来岁的小孩抱着冲浪板在大海中冲浪，那种幸福感是旁人所无法体验到的。为了安全，邦迪海滩除了配备了救生员外，还配备了安全检测员，他们用金属探测仪在沙滩上不停地探测，防止出现不明金属物刺伤游客，因为沙滩上的游客基本上都是只穿泳衣的。因此，邦迪海滩是澳大利亚人休闲娱乐极佳去处，真的是海水很蓝，甚是美丽。尤其是在日落时刻，一方面可以领略到壮观的日沉大海美景，另一方面还可以尽情享受到邦迪海滩上众多餐馆的美食。

2007 年，吉尼斯世界纪录大全把一张在悉尼邦迪海滩上拍摄的照片定为世界上最长泳装照，照片上共有 1010 位身着比基尼泳装的女士。邦迪海滩被定为悉尼城市环城赛跑（City to Surf）的终点。每年 8 月举行的冬季环城赛跑比赛吸引了各地超过 63000 名的参赛者，他们从悉尼的商业中心区出发，一直跑到终点站邦迪海滩，全程长 14 公里。邦迪海滩还是2000年悉尼奥运会的沙滩排球的比赛场地。在奥运会期间,这里变成了一个拥有10000多个座位的比赛场地,包括一个体育场、两个热身场和三个练习场。就是在这里,组队才两年的中国女子沙滩排球队的两对选手熊姿/迟蓉取得了2000年悉尼奥运会女子沙滩排球比赛的第九名,张静坤/田佳取得了第13名,实现了参加奥运会的梦想。在2008年的北京奥运会上,中国女子沙滩排球队的田佳/王怡在大雨中对阵美国的世界头号女子沙滩排球选手梅/沃尔什,虽然顽强拼搏,最后还是技差一筹,屈居亚军;薛晨/张希则以2:0战胜了巴西组合,获得铜牌。2013年7月6日,在波兰吉雅布沃尼克举行的世界沙滩排球锦标赛决赛中,薛晨/张希后来居上,反败为胜,以2:1击败德国选手博格/布特,为中国获得首个沙滩排球世界冠军。2013年11月5日,薛晨又与年仅16岁的小将夏欣怡搭档,在2013年世界沙滩排球巡回赛普吉站的比赛中,获得沙滩排球世界大赛冠军,从而标志着我国的女子沙滩排球项目跻身为世界一流水平。邦迪海滩同时也是澳大利亚或国际电影电视的著名拍摄场地(影视基地)。

二、达令港和悉尼野生动物世界

考察悉尼的第三站是动人的达令港(Darling Harbour)。达令港又被翻译成“情人港”,但实际上它在原意中是没有情人的含义。达令港位于悉尼市中心的西北部,距离悉尼中央火车站2公里,并且和悉尼的唐人街相连。是悉尼中心商务区西部城区的大型休闲与行人专用区。它从悉尼唐人街北起,沿着海扇湾(Cockle Bay)两岸,东临国王街码头(King Street Wharf),西至派蒙(Pyrmont)城区。海扇湾是达令港的水路之一,北接著名的杰克逊港。达令港不仅是悉尼最缤纷多彩的旅游和购物中心,也是举行重大会议和庆典的场所。

达令港的名字取自于新南威尔士州第七任总督芮福·达令中将(Ralph Darling),他于1825—1831年担任新南威尔士州的总督。达令港的建设在历史上可以说是历经了沧桑和起伏。随着英国工业革命推行至澳大利亚,蒸汽机的传入和工厂的建立,达令港在19世纪上半叶发展成为一个工业区;后来,又随着悉尼港区工业的衰落,达令港则沦为一个荒芜破败的死水港;到了20世纪80年代,为了庆祝悉尼殖民地暨澳大利亚建国200周年(1988年)大典,作为澳大利亚最大城市,悉尼的复兴计划中,达令港被改造成为庆典的中心场所。于是,使得今天的达令港成为悉尼城市中心的一个组成部分和澳大利亚的一颗璀璨的明珠。

达令港由港口码头、绿地流水和各种建筑群组成。其中著名的建筑有2000年悉尼奥运会展示中心、悉尼娱乐中心、悉尼水族馆、国家海事博物馆、悉尼会展中心(悉尼会展中心既是2000年悉尼奥运会的主会场,也是2007年澳大利亚亚太经合组织"APEC Australia 2007"的主会场)、动力博物馆、IMAX超大屏幕电影院、谊园和艺术市场等。此外,还有购物中心,各种游艺场、咖啡馆、酒吧、饭店等。达令港曾经还是众多中国旅澳画家为游人速写卖画的主要集中地。几十位中国内地颇有名气的画家在此一字排开,为游人画像,在当时构成了一道亮丽的风景线。如今,这些画家的作品一般都已经进入了澳大利亚的主流画坛,其作品的售价不菲,早已不是昔日的吴下阿蒙了。不过,他们在达令港的艰苦岁月是永远不会被忘记的。

达令港内棕榈婆娑,绿草如茵,游人如织。我们从国王码头下,沿海扇湾前行,两岸风景尽收眼底。同样,达令港的成群海鸥在游人身边悠闲的觅食,白色的羽毛,红色的嘴,偶尔也会用翅膀拍打你的身体,抚摩你的头发,在你的眼前掠过。港内停泊的各种游艇,造型各异,大小不同,千帆争艳,万舸争流。巨型豪华游轮,如海上摩天大楼的雄伟;私家豪华游艇,如小家碧玉般的秀丽。它是一个船的世界,海鸟的天堂。这一切都来源于大自然海洋的恩赐,来源于人类的杰作。在达令港,我们还有幸看到了两艘浮出水面的小型潜艇,乌黑的船体就像是青鱼的背脊。

考察的第四站为世界上唯一的室内动物园——悉尼野生动物世界。

悉尼野生动物园(Featherdale Wildlife Zoo)又称“悉尼野生动物世界”,坐落于悉尼达令港湾,于2006年正式对外开放。悉尼野生动物世界是世界上最大的室内野生动物园,同时也是世界上拥有最多种类的室内野生动物园。澳大利亚的室内野生动物园占地面积为7英亩。悉尼野生动物世界运用高科技手段真实还原了动物的生态环境,让你无论何时何地都可以身临其境,感受到动物的真实世界。悉尼野生动物世界涵盖了大约130种、总数达6000多只的澳大利亚本土野生动物。你不仅在这里可以大开眼界,一饱眼福,为澳大利亚独特的野生动物所感到惊奇;更重要的是,你在这里可以学习到许多的新知识,了解到大自然更多的神奇与奥妙。

悉尼野生动物园共分为9个不同的展览区域:

1. 彩蝶飞舞。当你走进第一个展厅“彩蝶飞舞”时,抬头可见的是天空中和天花板上各种飞舞的蝴蝶以及蝴蝶标本。脚下的地毯则好像一条铺满了枯树落叶的林间小道,远处则若有若无地传来一阵阵瀑布飞溅的声音。这些,会将我们带入到澳大利亚那神奇的原始森林,那茫茫的绿茵草原,享受那种原始的最生态的风景。彩蝶飞舞展厅是悉尼野生动物世界中的第一个展馆,也是所有展馆中投资最大的一个展馆。因为生活在其中的热带蝴蝶需要严格的室内温度控制。在展厅中,除了漫天飞舞的不同品种的蝴蝶可以供游客们观赏外,展馆内还有一个实验展示厅,他全面展示了一个毛毛虫是如何神奇的蜕变为一只美丽的蝴蝶。这个实验室也保证了只有5个星期寿命的蝴蝶能在展馆中能不断地繁衍生息,经久不绝。

2. 澳洲宝贝。该展厅展示的是澳大利亚的国宝——考拉(在下文中对考拉有专门介绍)。考拉是澳大利亚的国宝,其地位类似于中国的大熊猫,憨态可掬,人见人爱。走进该展馆就犹如走进一片繁枝茂密的桉树林中,攀爬在桉树上的考拉或是悠闲地吃着桉树叶子,或是好奇地看着大量周围的游客,而更多的时间则是在桉树上昏昏欲睡。考拉是一种很懒的动物,它们可以从不喝水,仅仅依靠桉树的叶子维持生命和成长。考拉一天能睡上20个小时,一方面是因为桉树叶子中含有催眠的药物成分,另一方面是因为考拉能够在环境比较恶劣的地域生存下来,只有两种可能:一是大脑几乎不产生任何能量消耗,二是生活不能太过于活跃。睡眠最能保证不消耗能量,考拉两者皆是。

3. 袋鼠悬崖。蹦蹦跳跳的袋鼠(下文有专门的介绍)是澳大利亚的象征,成为澳大利亚国徽上的图案之一。“袋鼠悬崖”展厅完全复制了澳大利亚南部 Flinders Ranges 地区的气候环境,甚至连岩石都是照搬该地区的悬崖峭壁。虽然有袋动物比胎盘动物要原始很多,但相对缓慢的新陈代谢以及较小的食物摄入量,使得它们即便是身处澳大利亚最干燥严酷的环境中,使它们也没有感受到有什么不适应。在这里可以看到,那些黄脚岩石袋鼠和南部毛鼻袋鼠终日在悬崖上欢蹦乱跳,嬉戏玩耍,有时还进行摔跤和拳击比赛。但是它们从来就没有感觉到,这里已经不是他们的家乡,而是在悉尼达令港一座现代化的大型动物园内。

4. 热带雨林。在热带雨林展示厅里,既有郁郁葱葱的植物、叮叮咚咚的溪流和泉水声,还有轰隆隆的雷鸣声不时传来。展厅里高达6米的大树,在特有的灯光照射下,与自然真实的热带雨林几乎是一模一样。在这里,除了隐藏在雨林深处水塘中的巨大鳄鱼之外(我们还曾经就水塘边的巨大鳄鱼是真是假展开争论,直到动物园的工作人员告诉我们是真的后,才停止争论。因为这条鳄鱼纹丝不动,被误以为是假的),还有一种鲜为人知的澳大利亚最危险的鸟类——食火鸡(下文有专门的介绍),它也是澳大利亚的象征之一,与袋鼠并列在澳大利亚的国徽图案上。据报道,2011年12月28日,在悉尼野生动物园内的热带雨林中,曾发生过鳄鱼袭击工作人员的事件。

5. 爬行异族。澳大利亚是爬行动物们的天堂,大约有90%的爬行类物种生活在澳大利亚浩瀚无际的广袤的土地上。在爬行异族馆的展厅里,你可以近距离地观察这些陌生而充满恐怖感的爬行动物。它有世界上最大的蟒蛇和最大的蜥蜴，还有世界上最大最毒的眼镜蛇。蜥蜴差点变成了澳大利亚的标志，尽管它没有入围，但它还是荣幸地上了澳大利亚的货币，2 分澳币背面的图案就是伊丽莎白时期的环肩披饰蜥蜴。

6. 无脊天下。无脊天下展馆的墙面和地毯均采用深红色的幽暗色调，使游客有着深入地下之感。地毯上刻意点缀着各种不同颜色的斑点，在灯光的照射下，显得凹凸不平，让你产生一种错觉，这就是效果。这里展示的是各种昆虫，如蚂蚁、蜘蛛、蟑螂等使人看起来很恶心很讨厌的生物。它有世界上最大的犀牛蜘蛛，还有世界上最大的身长达到 7 厘米、体重达到 30 克的巨型蟑螂，确实使人感到恐惧。

7. 午夜迷踪。在午夜迷踪展厅，灯光比较暗淡，它要造成一种置身于午夜的感觉。这里的展馆展示的是在夜间生活的动物。在这里，游客可能看不见或者看不清它们，而它们确实就在你的周围；你可能对夜间不熟悉或许感到一丝害怕，而漆黑的夜晚却正是它们活动的天堂；你可以对它们感到恐惧，也可以近距离地接受和感受它们。事实上，在澳大利亚的野生动物中，夜间行动的动物比白昼行动的动物要多得多。它们在黑夜中的生活，与白昼一样是自由自在，丝毫不受光线的影响，反而少了一份白昼的喧闹。

8. 峡谷飞行。这是一个鸟类展示区。其中澳大利亚特有的鸟类如彩色鹦鹉、吸密鹦鹉以及澳洲各种陆地行动的鸟类都在这里安居乐业，繁衍生息。在展示厅中，有一个真实的瀑布日夜都在川流不息奔腾不已，一些巨型的鸟类模型悬挂在屋顶之上，而各种鸟类则在展厅中自由地翱翔。为了真实地展现鸟类，在展厅的墙壁上有各种鸟类的图形，通过高科技手段，只要你轻轻地点上一下墙壁上鸟的图案，展厅就会立即发出这种鸟的声音。

9. 骄阳似火。该展示厅是悉尼野生动物世界中最大的一个展厅，主要展示了袋鼠、针鼹等最具澳大利亚特色的野生动物。在这个展示厅，“Didgeridoo 表演”每半个小时就有一次，每次 10 分钟，可以保证你无论何时参观悉尼野生动物世界都可以看到这种精彩的表演。整个展区弥漫着一种古朴而热情的气氛,四周墙壁上绘有精美鲜艳的澳大利亚土著居民的壁画,让你有着置身土著居民部落之中的感觉。在这个展厅中,游客不仅可以近距离地亲眼看到澳洲土著居民使用的V形回标(飞来器)、Didgeridoo(乐器)等独特物件,你还可以亲手触摸,甚至向表演者学上一两招。在这里,游客还可以同土著居民一起围坐在篝火旁,听他们讲述他们的古老的神话传说,同他们一起尽情地跳舞狂欢。

在悉尼野生动物世界,最令我难以忘怀的是三种澳大利亚特有的动物:可爱的考拉、调皮的袋鼠、凶猛的食火鸡。

考拉(Koala或Koala bear)是澳大利亚的国宝,也是澳大利亚奇特的珍贵原始树栖动物,又名树袋熊、无尾熊、树懒熊、可拉熊,学名为"Phascolarctos cinereus"。据说英文名"Koala bear"来源于澳大利亚土著语言,意思是"no drink"。因为考拉从它们取食的桉树叶中获得了90%的水分,除非它们生病或者遇上干旱,否则它们是不喝水的。考拉每天有20个小时左右在睡觉,总是处于酣睡之中。它们性情温顺,体态憨厚,表情看起来永远是无辜的,因而深受人们的喜爱。

考拉虽然被称为"树袋熊",但它并不是熊科动物,并且相去甚远。因为熊科属于食肉目,而考拉属于有袋目。考拉不是熊,而且也不是鼠类动物。它身长70—80厘米,成年体重8—15公斤,长相酷似小熊,有一身又厚又柔软的灰褐色短毛,其胸部、腹部、四肢内侧和内耳皮毛呈灰白色,生有一对大耳朵,鼻子裸露扁平,没有尾巴。四肢粗壮,利爪长而弯曲,每只五趾两排,善于攀爬。一生中基本上待在高高的桉树上,就连睡觉也不下来,以桉树树叶和嫩枝为食,几乎从不下地饮水。

考拉刚出生时,是在母亲的育儿袋中生活,再大一点的时候,则喜欢趴在妈妈的背上。一般来说,考拉都非常胆小,如果受到惊吓就会连哭带叫,声音则类似于出生不久的婴儿一般,十分有趣。考拉性情温顺,行动迟缓,从不对其他动物构成威胁。但是,它在生活中却有几个天敌。如澳大利亚犬(Dingoes)、老鹰、猫头鹰、野猫、狐狸等。随着人类的现代化,考拉现在死于交通事故的数量则大大超过了其天敌对它们的伤害。2012年4月30日,澳大利亚政府正式宣布,把栖息在澳大利亚东部新南威尔士州、昆士兰州和首都直辖区的考拉列入濒危保护动物之列。

袋鼠(Kangaroo)原产于澳洲大陆和几内亚的部分地区,其中,有的种类为澳大利亚所独有。一般来说,“袋鼠”一词通常是用来指袋鼠科中体型最大的几个物种。大型袋鼠面对人类在澳大利亚的开发有着较强的适应能力,相比之下,许多小型袋鼠则面临着较大的生存威胁,其数量在急剧减少。到目前为止,世界上,包括澳大利亚在内,还没有大规模的袋鼠养殖业,尽管这种产业的利润不薄。

据传说,袋鼠的英文名“Kangaroo”源自于澳大利亚土著居民Guugu Yimidhirr的语言“Gangurru”,意思是指“不知道”。英国著名探险家、博物学家,英国皇家学会主席约瑟夫·班克斯爵士(Sir Joseph Banks, 1743—1820)在跟随詹姆斯·库克船长第一次前往南太平洋探险航海旅行时,到达澳大利亚努力河(现在的库克镇港口)河口岸边,在靠岸修理船舰的一个多月时间里,他意外地发现一种古灵精怪的动物,这是他从前从来没有见到和听说过的动物。于是他前去询问澳大利亚当地的土著居民,由于语言的不通,他将土著居民回答的“不知道”当作是袋鼠的名称,所以袋鼠的英文名“Kangaroo”便一直沿用至今。但是英国语言学家John B Haviland经过研究后认为,当地称呼袋鼠就是“Gangurru”,其意思并不是人们传说中的“不知道”。

袋鼠是澳大利亚的象征物,它出现在澳大利亚的国徽上(澳大利亚国徽上左边的是袋鼠,右边是鸸鹋)以及一些澳大利亚的货币图案;许多澳大利亚的组织团体,如澳大利亚航空公司的航空徽标就是袋鼠;袋鼠也用来作为澳大利亚国家的标识,如绿色三角形袋鼠用来表示澳大利亚制造;澳大利亚军队的车辆、舰队在海外执行任务时通常也回涂上袋鼠的标志。澳大利亚之所以让袋鼠作为国徽上的动物和标志之一,还有一个原因就是,袋鼠永远只会往前跳,而永远不会后退。因此,澳大利亚国徽的设计者希望澳大利亚人民也像袋鼠一样,具有一种勇往直前、永不退缩的精神。

袋鼠是食草动物,吃多种植物,有的还吃真菌类食物。它们大多在夜间活动。不同的袋鼠种类在各种不同的自然环境中生活,但所有的袋鼠,不管体积多大,都有一个共同的特点,就是长着长脚的后腿强健而有力。袋鼠以跳代跑和行走,最高可以跳到 4 米,最远可以跳至 13 米。可以说是跳得最高和最远的哺乳动物。袋鼠在跳跃过程中用尾巴进行平衡,当它们缓慢走动时,尾巴则可以作为第五条腿。袋鼠的尾巴既粗又长,长满着肌肉,它既能在袋鼠休息时支撑袋鼠的身体,又能在袋鼠跳跃时帮助袋鼠跳得更快更远。所有的雌性袋鼠都长有前开的育儿袋,雄性则没有。雌性的育儿袋里有四个乳头,小袋鼠就在育儿袋里被抚养长大,直到它们能在外部世界生存下来为止。成年袋鼠一般身高 2.6 米,体重约 80 公斤。袋鼠通常以群居为主,有时可多达上百只,但有的小品种的袋鼠也会单独生活。

食火鸡(Cassowary)又叫"鹂鹋",学名"鹤鸵",拉丁文为"Casuarius",也是澳大利亚的象征物之一,与袋鼠一同出现在澳大利亚的国徽上(澳大利亚国徽上左边的是袋鼠,右边是鹂鹋)。

食火鸡原产于澳大利亚北部的热带丛林和新几内亚。它体高 1.5—1.8 米,最高可以达到 2 米。头顶上有角质的黄冠,喉下有赤红色的肉垂,扁嘴,灰黑色,全身羽毛下垂,黑色,翅膀很小,不能飞行,但脚很发达,善于行走和奔跑。捕食真菌类、蜗牛、昆虫、青蛙、蛇类和其他小型动物。食火鸡通常在清晨或傍晚出外活动,它有一个独特的习性,即对发光的东西特别好奇,当它看到人类弃置的炭火灰烬时,喜欢上前啄弄一番。更为惊奇的是,它经常吞食未熄灭的炭火和炭块,因此,人们称它为"食火鸡"。有学者认为,食火鸡之所以吞食炭火,是因为它可以帮助磨碎胃里不易消化的食物。18 世纪末,英国人发现澳大利亚后,随着澳洲成为英国殖民地,欧洲人不断移民澳洲,食火鸡的数目在不断减少。现在,野生的食火鸡已经很难看到了,我们一般只能在动物园才能看到。现在人工养殖的食火鸡(鸸鹋)性情温顺,喜欢与人亲近。鸸鹋怕热,喜欢阴湿的环境。鸸鹋易于饲养,因此广泛地被引入其他国家,在中国的许多大的动物园中也可以见到。

人们之所以说食火鸡是世界上最危险的鸟类,是因为如果你靠它太近,它感到危险时,就会悍然地先发制人地向人类发动攻击,轻者被它爪子划伤,重者则造成骨折或脸部被啄伤。2004 年,世界吉尼斯世界纪录把它列为世界上最凶猛的鸟类之一,是因为它还参加过第二次世界大战,曾经伤及驻扎在新几内亚的美军士兵。现在,照顾这种濒危鸟类的动物园工作人员对它也是时刻不能放松警惕的。

在悉尼上午考察的第五站为悉尼中央商业区,这是我们一行人自己提出的要求。我们好像到了一个城市,不了解它们的购物环境和购物场所,心中总是觉得少了点什么,更何况按照行程安排,下午 5 点还要乘飞机飞往墨尔本,总要知道悉尼的主要特产是什么,如果有兴趣的话,是要购物的。因此,我们将参观悉尼奥运会场馆观改为参观悉尼中央商业区。

中央商业区又称为中央商务区(Central Business District,简称 CBD),是指一个国家或大城市里主要商业活动进行的地区。其概念最早产生于美国(1923 年),当时的定义为“商业会聚之处”。随后,它的内容不断丰富,成为一个城市、一个区域甚至一个国家的经济发展中枢。一般来说,中央商业区高度集中了城市的经济、科技和文化的力量,它作为城市的核心,应具备金融、贸易、服务、展览、购物等多种功能,并配以最完善的市政交通与通讯服务条件。悉尼中央商业区(Sydney central business district,简称“Sydney CBD”)位于悉尼湾南约 2 公里,南北轴贯通北面的环形码头与中央火车站,东西轴则从东面悉尼港的农场湾延伸到西面的达令港。悉尼中心商务区的摩天大楼林立,著名的如菲利普总督大厦(Govemor phillip Tower)、MLC 中心及世界之塔(世界大厦)等,其中澳大利亚第二高度的悉尼塔(309米)位列所有高楼的榜首。不过,据悉尼市政府的最新法令,已经限制将来悉尼的建筑物不能超过235米。

乔治大街(Georges Street)是悉尼中央商业区主要的南北街道,典型的南北走向街道还有皮特街(Pitt Street)和麦觉理街(Macquarie Street)。皮特街是悉尼商业零售的心脏地带,它的购物中心与悉尼塔是悉尼城市的著名地标。麦觉理街则是悉尼的立法与行政中心,如新南威尔士州的州议会大厦,州最高法院等均设在麦觉理街。悉尼中心商务区是诸多澳大利亚公司的总部所在地,也是一些著名亚太地区国际企业的总部以及全球跨国企业亚太地区的总部所在地。澳大利亚联邦银行、花旗银行、德意志银行、麦格理银行、安宝集团、澳大利亚保险集团、怡宝、达信、安联人寿、汇丰、安盛、荷兰银行等均在此设有办事处。

位于乔治大街455号的维多利亚女王大厦(QVB,Queen Victoria Building)是悉尼中央商业区最大的购物中心,该大厦长190米,宽30米,占去了整整一条街区。它是由英国著名设计师乔治(George)所设计,建成于1898年,距今已有100多年的历史,为罗马式建筑风格。维多利亚女王大厦内有200多家商店、咖啡店和餐厅,吃、喝、玩、乐、购物一应俱全。我们参观和购物的地点即是维多利亚女王大厦和皮特街购物中心。

第三节　悉尼歌剧院与悉尼港湾大桥

中午,我们在悉尼中央商业区吃中餐,地点是在皮特街的一个华人饭店,为地下层,从后门进,下楼,要拐3个弯。里面的生意红火,客人爆满,基本上是华人以及旅行团的游客。这是我在澳大利亚和新西兰期间唯一一家不知餐馆名称的饭店。

下午的任务是参观悉尼的标志——世界著名的悉尼歌剧院和悉尼港湾大桥(跨海大桥)。

一、悉尼歌剧院

悉尼歌剧院(Sydney Opera House)位于澳大利亚新南威尔士州的首府悉尼市的贝尼朗岬角(Benneiong Point),是20世纪公认的最具特色(巨型雕塑式)的建筑之一,也是世界著名的表演艺术中心,是悉尼以及澳大利亚的标志性建筑。悉尼歌剧院占地1.84公顷,长183米,宽118米,高67米,相当于20层楼的高度。该歌剧院1973年正式落成,2007年6月28日被联合国教科文组织评为世界文化遗产。其设计者为丹麦的设计师约恩·乌松(Joslash Utzon,1918—2008年)。

悉尼歌剧院的外形犹如即将乘风出海的白色风帆,与周围的景色相映成趣。悉尼歌剧院是从20世纪50年代开始构思兴建。1955年起向全世界公开征求设计作品,至1956年,共收集到了32个国家的233件参选作品,经过评委会的层层筛选,最终丹麦建筑设计师约恩·乌松的设计作品中选。悉尼歌剧院的建设从1959年3月开始破土动工,直至1973年10月最后竣工,前后费时14年另7个月,耗资1亿零200万澳元才最后完成。在建造悉尼歌剧院的过程中,为了筹措建设资金,除了向社会募集基金外,澳大利亚政府还曾于1959年发行了悉尼歌剧院的债券。

悉尼歌剧院的外貌为3组巨大的贝壳片,耸立在南北长186米、东西宽97米的钢筋混凝土结构的基座上。第一组贝壳片在地段的西侧,四对贝壳片成串排列,三对朝北,一对朝南,内部是大音乐厅。第二组贝壳片在地段的东侧,与第一组大致平行,形式相同而规模略小于音乐厅,是为歌剧厅。第三组在它们的西南方向,规模最小,由两对贝壳片组成,里面是餐厅。悉尼歌剧院的其他房间都被巧妙地镶嵌在基座的内部。整个建筑群的入口在南端,设计有97米宽的大台阶,台阶上面用可以随时取下,并用螺丝拧紧的大理石铺设,车辆的入口和停车场设在大台阶下面。悉尼歌剧院坐落在悉尼港的贝尼朗岬角,三面临水,环境开阔,以特有的设计和造型闻名于世。它的外形像三个三角形翘首于海边,屋顶是白色的贝壳形状,因而有着“翘首遐观的恬静修女”之美称。

悉尼歌剧院整个建筑分为三个部分:歌剧厅、音乐厅和贝尼朗餐厅。歌剧厅、音乐厅及休息厅并排而立,建立在花岗岩石基座上,各由 4 块巍峨的巨大贝壳顶组成。这些“贝壳”依次排列,前三个一个盖着一个,面向海湾,最后一个则背行海湾峙立,看上去像是两组打开盖倒放着的蚌。高低不一的尖顶壳,外表用白色格子釉瓷铺盖,在阳光的照射下,远远看去,既像树立着的贝壳,又像两艘巨型的白色帆船,飘扬在蔚蓝色的海面上,因此有着“帆船屋顶剧院”之称。悉尼歌剧院的贝壳尖形屋顶,是由 2194 块每块重达 15.3 吨的弯曲形混凝土预制构件,用钢绳拉紧拼凑而成的,外表覆盖着 105 万块白色或奶油色的瓷砖。据设计者约恩·乌松自己在晚年时所讲,他当年设计时的创意实际上是来源于橙子,是那些被剥开了的橙子启发了他,正如苹果启发了牛顿一样。现在这一创意被刻成小型的模型放在悉尼歌剧院前的入口处,和他的生平简介在一起供游人们观赏这一平凡事物所引发的伟大构想。

悉尼歌剧院的歌剧厅较小,拥有 1547 个座位,主要用于歌剧、芭蕾舞和舞蹈的表演。它的内部陈设新颖、华丽、考究。为了避免在演出时墙壁的反光,歌剧厅的墙壁一律用暗光的夹板镶成;地板和天花板用本地出产的黄杨木和桦木制成;所有的座位是弹簧椅,上面蒙上了红色光滑的皮套。设计者认为采用这样的装饰,在演出时可以有着圆润的音响效果。歌剧厅的舞台面积为 440 平方米,有转台和升降机。舞台配有两幅法国织造的毛料华丽幕布:一幅图案用红、黄、粉红三色构成,犹如一道道霞光普照大地,因此叫作“日幕”;另一幅图案用深蓝色、绿色、棕色组成,好像是一弯新月挂在云端,所以称为“月幕”。舞台的灯光有 200 回路,由计算机控制。控制室还装有闭路电视,使舞台监督对台上、台下的情况一目了然。

悉尼歌剧院中最大的厅堂是音乐厅,它可以容纳 2679 名观众,通常用来举办交响乐、室内乐、歌剧、舞蹈、合唱、流行音乐、爵士乐等多种表演。这个音乐厅的特别之处在于音乐厅的正前方，有由澳大利亚艺术家罗纳德·沙普(Ronald Sharp)于1969—1979年制造的，号称是全世界最大的机械木连杆风琴(Mechanical tracker organ)，它由10500根风管组成。此外，整个音乐厅建材使用均为澳大利亚本地木材，忠实地呈现了澳大利亚别具一格的韵味。

悉尼歌剧院开口处的旁边另立的两块倾斜的小贝壳屋顶，形成了一个大型的公共餐厅，名为“贝尼朗餐厅”，得名于悉尼歌剧院的坐落所在地贝尼朗(Benneiong)。它每天晚上可以接纳6000人以上。而其他的各种活动场地均设在底层的基座之上。剧院有话剧厅、电影厅、大型陈列厅、5个排列厅、65个化妆室、图书馆、演员食堂、咖啡馆、酒吧等等大小各异的厅室900多间。

建造悉尼歌剧院的计划开始于20世纪40年代。第二次世界大战结束后，悉尼还没有专门场所用于音乐、戏剧表演。当时悉尼音乐学院院长尤金·古森斯(Eugene Goossens，1893—1962)游说政府在悉尼要建造一个能够表演大型戏剧作品的场所。因为那时进行戏剧表演的场所是悉尼市政厅，对于戏剧表演来说，实在是不合适，也显得太小。经过多方努力，1954年，古森斯成功地取得了新南威尔士州总督约瑟夫·卡希尔(Joseph Cahill)的支持，卡希尔要求设计一个专门用于歌剧表演的剧院。在选址上，也是古森斯坚持要将歌剧院建立在悉尼湾的贝尼朗岬角上，尽管卡希尔总督曾想将其建在离位于悉尼中央商业区西北方向的温耶德火车站(Wynyard railway station，Sydney)附近。卡希尔于1955年9月13日向全世界发起了悉尼歌剧院的设计竞赛活动，共收到了来自32个国家的233件参赛作品。在设计竞赛活动中规定，参赛作品是必须有一个能容纳3000名观众的大厅和一个能容纳下1200名观众的小厅，并且这两个厅都要被设计成有不同的用途，包括歌剧、交响乐和合唱音乐会，大规模的会议、讲座，各种舞蹈的演出，以及其他演讲。

1956年，丹麦37岁的年轻建筑设计师约恩·乌松看见了澳大利亚政府向海外征集悉尼歌剧院设计方案的广告。尽管他对远在天边,而且从来就没有去过的悉尼根本是一无所知,但是他凭借他从小生活在海边渔村的生活积累所产生的灵感,凭借几个澳大利亚姑娘对悉尼的描述,天才地完成了这一设计方案。据他自己后来的解释,他的设计理念并不是船上的风帆,也不是贝壳,而是被切开了的橙子瓣。但是他对于前两种的解释和比喻也非常满意。当他将自己的设计方案向遥远的澳大利亚寄出时,他根本没有料到,在丹麦,又一个现实版的"安徒生童话"将要在南半球的澳大利亚上演。

1957 年 1 月 29 日,在悉尼的 NSW 艺术馆的大厅中,评审委员会庄严宣布,来自丹麦的约恩·乌松的方案击败了所有的 232 个竞争对手,荣获第一名。第二名为马里兰(J. Marzella),第三名为波依斯万(Boissevain)及其合作者奥斯蒙豪(Osmond)。设计方案公布后,人们都为乌松独具匠心的构思和超俗脱凡的设计所倾倒。但是,人们并没有想到,约恩·乌松的方案一开始就遭到了被淘汰的命运,被绝大多数评委枪毙而惨淡出局。然而,意想不到的是,评审团专家之一,芬兰籍的美国著名建筑师埃洛·沙里宁(Eero Saarinen,1910—1961)来到悉尼后,对先期评选出来的设计方案并不满意,提出要将所有的设计方案重新审查一遍。他在被淘汰的废纸堆里看到了约恩·乌松的设计方案,欣喜若狂,于是力排众议,在评委中进行了大量的说服工作,最终评审团采纳了他的意见,使约恩·乌松的方案胜出。1957 年的冬天,约恩·乌松被正式通知赢得了竞赛,并得到了 5000 澳币的奖金。乌松也于这一年访问了悉尼,帮助监督该项目的实施。1963 年,乌松将他的工作室正式搬迁到了悉尼。

原来位于悉尼湾贝尼朗岬角的麦觉理堡垒电车厂于 1958 年被拆除。悉尼歌剧院的前期准备工作于 1959 年 3 月正式开始。在悉尼歌剧院长达 14 年零 7 个月的建设中,大体分为三个阶段:

第一阶段主要是建造矮墙,时间是 1959—1963 年。这一阶段的建筑公司为 Civil & Civil,尤金·古森斯则负责监督和指导。澳大利亚政府出于对建设资金和公众舆论的担心希望工程尽快开展,但工程还是往后拖延了一个半月的时间。主要原因一是约恩·乌松的最终设计还未完成,二是遇到了一些没有预料到的情况,如天气的变化、建筑合同文件的改变等。矮墙的工程最终于1962年8月31日完成。

第二阶段主要是建造外部的"贝壳"结构,时间是1963—1967年。在最初的悉尼歌剧院的设计竞赛中,这些贝壳并没有几何学上的定义,但在设计和施工过程的初始阶段,这些贝壳被定义为由一系列的混凝土构件组成的排骨支撑起来的抛物线。但是,奥雅纳工程顾问公司的工程师们找不到一个建造这些"贝壳"的方法。使用原地浇筑的混凝土来建造的计划由于造价高昂而遭到了否决,因为屋顶的结构不同,必然要求用不同的模具,从而导致造价高昂。设计团队反复尝试了12种不同的建造"贝壳"的方法。到了1961年,他们终于找到了一个解决办法:即所有的"贝壳"都由球体创建而来。它可以使用一个共同的模具浇铸出不同长度的圆拱,然后将若干个有着相似长度的圆拱放在一起形成一个球形的剖面。"贝壳"由霍尼布鲁克集团(Homibrook Group Pty Ltd)负责建造。他们在工厂中制成了2400件预制肋骨和4000件屋顶面板,在建造贝壳完工前使用了创新的调节型弯曲的钢铁构架来支撑不同的屋顶。这一阶段完成后,当时估计悉尼歌剧院将于1964年8月到1965年3月之间即可完工。

第三阶段主要是完成悉尼歌剧院的内部设计与装潢,时间是1967—1973年。自从乌松将他的工作室搬到悉尼后,一切工作都很顺利。但是,澳大利亚政府在1965年发生了政坛上的改变。这一年,澳大利亚工党在选举中失败,由罗伯特·阿斯金(Robert Askin)组成的新政府宣布悉尼歌剧院的建造计划将由公共工程部来管理,从而最终导致了约恩·乌松的辞职。到这时,悉尼歌剧院建造计划的费用仍然只有2290多万澳元。但是在建造的第三阶段,设计上将会有很大的改变和支出。在约恩·乌松辞职时,第二阶段的工程已经接近尾声,他辞职后,彼得·霍尔(Peter Hall)取代了约恩·乌松的位子。彼得·霍尔负责悉尼歌剧院内部的设计和装潢工作，其他一些人也陆续接到任命，来取代约恩·乌松的一些工作，如著名的声学专家洛萨·克莱尔(Lothar Cremer)和著名的舞台设计师马丁·卡尔(Mantin Carr)等。而主要工作是由彼得·霍尔(Peter Hall)、莱昂内·托德(Lionel Tood)与大卫·利特尔莫尔(David Littlemore)三人来完成的。悉尼歌剧院于1973年正式竣工，总共费用为1亿零200万澳币。最初预计完工时间为1963年1月26日，即澳大利亚国庆日竣工，最后的结果是整整延期了10年之久。

1973年10月20日，悉尼歌剧院在英国女王伊丽莎白二世(Her Majety Queen Elizabeth Ⅱ)的亲自主持下，举行了隆重的落成典礼。澳大利亚著名指挥家唐斯指挥了悉尼歌剧院的首场演出——普罗科菲耶夫的《战争与和平》。悉尼歌剧院的落成，结束了悉尼没有自己歌剧院的历史。

悉尼歌剧院不仅是悉尼艺术文化的殿堂，更是悉尼城市的灵魂，是公认的人类20世纪世界十大奇迹之一，是悉尼的标志和最容易被人们认出的建筑。悉尼歌剧院的设备条件十分完善与完美，使用效果达到世界一流水平，是一座成功的音乐、戏剧演出的场所。它那濒临海面的巨大白色贝壳片群，既像海上的船帆，又像是一簇盛开的花朵，在蓝天、白云、碧海、绿荫的衬托下，婀娜多姿，轻盈皎洁，被人们视为世界建筑史上的经典之作而载入史册。2003年4月，悉尼歌剧院的设计大师约恩·乌松先生荣获2003年度的普利策建筑学奖，这是对约恩·乌松本人和他的杰作——悉尼歌剧院的最终承认。2008年11月29日，约恩·乌松在丹麦逝世，享年90岁。但是，令人遗憾的是，这位悉尼歌剧院的设计大师，却在他的生前直至去世都没有能够亲眼看一下自己的杰作。

约恩·乌松(Joslash Utzon,1918—2008)出生于丹麦首都哥本哈根，是丹麦著名的建筑设计师，因设计悉尼歌剧院而一举出名。实际上，直到18岁，乌松还在考虑去当一名海军军官。1937年，19岁的乌松进入到丹麦皇家艺术学院建筑系学习，师从于当时丹麦著名的建筑大师施泰因·

埃勒·拉斯姆森(Steen Eiler Rasmussen)和卡伊·菲斯科尔(Kay Fisker)。有趣的是,他的两位恩师既是丹麦建筑业的领军人物,同时也都是"中国迷",有着很深的中国情结。其中,拉斯姆森还曾在北京设计过北京的热电站。乌松受他们的影响,也接触了大量的中国建筑艺术和建筑风格,并深深地影响到了后来的建筑理念。

第二次世界大战爆发后,1940 年 4 月 9 日,德国法西斯军队大举进攻丹麦首都哥本哈根,哥本哈根当天即沦陷于德军之手,丹麦政府也于当天宣布投降。乌松逃到了瑞典的首都斯德哥尔摩,并受雇于瑞典建筑大师阿斯普朗德(Enik Gunnar Asplunde)的建筑事务所。乌松在瑞典整整工作了 3 年,然后又来到了芬兰首都赫尔辛基,和芬兰的现代主义建筑大师阿尔瓦·阿尔托(Alvar Aalto)一道工作。阿尔托年长乌松 20 岁,早已功成名就,誉满天下。一般认为,和阿尔托的合作是乌松建筑设计创作阶段的重要发展时期,它加深了乌松对有机建筑的理解。但是,乌松仍然觉得自己的设计思想不过充实和成熟,应该从不同的国家、不同的民族的建筑中去吸取营养。

1948 年,乌松基于以上的考虑,开始了自我流放生涯,先后去了北非、美国和南美洲等地。在摩洛哥,他看到当地的村落建筑时,感到十分惊讶。因为那些朴素的建筑与周围的环境融合在一起,显得那么和谐和完美。尤其是当地村落建筑中黏土的反复运用,深深地触动了乌松,并一直影响着他后来的设计。许多年后,人们仍然能够从他的作品中看到摩洛哥村落建筑的影子。在美国,他拜访了著名的建筑大师莱特(Frank Lioyd Wright,1867—1959),从莱特的作品中受到了强烈的感染。在南美洲,玛雅人和阿兹特克人的古代建筑遗存,同样引起了乌松的浓厚兴趣,那些巨大的水平平面激发了他内心深处的创作灵感,从而成为他后来建筑设计中的重要表现手段。

1950 年,乌松结束了自己的游历生活,回到了丹麦。他觉得自己应该崭露头角,开创自己的事业,于是创办了自己的建筑事务所。但是,他参加的一些设计竞赛却很难能够得以最后实施，而且，来委托他的建筑设计项目也很少，这一切都使得当时踌躇满志的乌松感到有些失望。两年后，乌松分别在哥本哈根附近的赫列别克和霍尔塔建造了自己的住宅。这两栋建筑明显有着自由的空间处理与不对称的外部结构，它耸立在钢筋混凝土的支柱，显然是受到了有机建筑原则的影响，在当地属于是别具一格的建筑。

从 1952 年开始，乌松先后又游历了中国、日本、墨西哥、美国、印度等地。在中国，他曾经专程拜访了著名的建筑大师、梁启超先生的儿子、我国国徽和人民英雄纪念碑以及天安门观礼台的设计者、古建筑专家、中国科学院院士（当时为学部委员）梁思成先生，了解了中国古建筑的特点，参观了北京城的著名建筑。亚洲之行结束后，乌松在芬兰首都赫尔辛基西部的一片丘陵地带设计了一组影响至为深远的联排式院落住宅——金戈居住区（the Kingo Houses in Helsingor）。同一时期，乌松还在弗兰登斯堡郊区设计建造了一个住宅区——弗兰登斯堡住宅（the Houses in Fredensborg）。乌松在此基础上，经过进一步的研究，提出了“添加性建筑”理论（additveaarchi - tecture）的设计方法，给建筑学术界带来了极大的影响。

1969 年，当时任教于夏威夷大学的乌松，被邀请参加了科威特议会大厦的设计工作。1978 年，英国皇家建筑师学会授予乌松金质奖章，以表彰他在建筑设计领域里的杰出创造。乌松当时感慨地说，是这枚金质奖章治愈了他“悉尼悲剧”的创伤。2003 年 5 月 20 日，普利策建筑大奖的颁发仪式在西班牙首都马德里举行。由于身体的原因，85 岁的乌松未能亲自参加颁奖仪式，而是由他的两个儿子，同为建筑师的詹·乌松和凯姆·乌松代为领取了 10 万美元的奖金。这个号称是建筑界的“诺贝尔奖”之所以授予乌松，是为了表彰他为人类创造了一座 20 世纪最伟大的歌剧院建筑——悉尼歌剧院，以及他对人类建筑事业一生所倾注的一丝不苟的态度。

2008年,乌松在接连做了几次手术后,在睡梦中心脏病突发而逝世。尽管乌松最终因为悉尼歌剧院的设计而誉满全球,但是他至死都没有亲眼看看建成后的悉尼歌剧院的真面目。这是一个时代的悲剧,是澳大利亚和悉尼的悲剧,也是乌松他个人的悲剧。

乌松的名字是与悉尼歌剧院紧密相连的,在历史上,他与悉尼歌剧院也有着千丝万缕的联系和扯不清的瓜葛和恩怨。对于乌松和悉尼歌剧院的相互关系,有着很多版本:

1. 对于乌松辞职的原因,澳大利亚方面称,悉尼歌剧院建设经费的预算出现了资金缺口,可能会修改最初的设计方案,约恩·乌松因不满而辞职离开。也有人认为,当时澳大利亚新南威尔士州政府不认可乌松的设计理念,导致乌松的辞职。但实际上,后来的澳大利亚设计师们在设计和建造悉尼歌剧院的过程中还是遵循了乌松的设计理念。2008年4月9日,悉尼歌剧院的全体员工集体为远在地球另一半丹麦的约恩·乌松庆祝90大寿,同时诚恳地邀请乌松来参观悉尼歌剧院,因为乌松没有亲眼看见过悉尼歌剧院——这座他倾注了9年心血设计的作品。但是,乌松以身体欠佳为由拒绝了这一邀请。这其中的缘由,可能只有乌松自己心中最明白了。

2. 1956年,年仅37岁的约恩·乌松向悉尼寄去了自己的设计方案图纸。当时他在建筑界没有什么名气,建筑界的大亨们也没有谁认识他。他与妻子生活在丹麦海边的一个小镇上。那一年,他的小儿子刚出生,大儿子13岁,女儿11岁。自从1950年他成立自己的工作室之后,乌松自己真正的设计作品不多,他自己一手设计并建造的家园算是一个。乌松后来回忆他自己当初设计悉尼歌剧院时的热情与冲动时说:“那是一段非常美好的时光,我躺在海边的沙滩上画我的草图。要是哪里画得不好,我就用手把它们抹掉重新画过。”很快,乌松所设计的“贝壳”方案从来自32个国家的233件作品中脱颖而出。当祝贺电话打到他家时,乌松的女儿琳和他的助手同时尖叫起来,他们同时兴奋地高喊“悉尼!悉尼!”乌松问道:“我得了第三名吗?”他们的回答是:“不,是第一名!”

3. 后来据澳大利亚《太阳—先驱者报》报道:悉尼歌剧院于 1973 年 10 月正式落成启用。在此几年前,乌松就抱怨澳大利亚政府干涉悉尼歌剧院的设计工作而导致双方闹翻而离开了澳大利亚。澳大利亚元首、英国女王伊丽莎白二世在悉尼歌剧院的落成启用仪式上也没有提及设计者乌松的名字。

4. 在获悉自己的设计方案被采用后,意气风发的乌松不仅将自己的工作室,而且举家迁到了悉尼,并打算从此在澳大利亚长期定居。当时,乌松一家人受到了悉尼当地民众和工党政府的热情欢迎。乌松开始以悉尼歌剧院总建筑师的身份工作。然而,令他意料不到的是,在随后的施工过程中,由于超前的大胆设计和高昂的工程造价,乌松和他的设计方案成为当地舆论和公众的众矢之的。当悉尼歌剧院逐渐成型时,他不但成为悉尼的焦点,而且也不幸成为一个政治的靶子。1965 年,澳大利亚联合党在选举中击败了工党。新南威尔士州公共工程部部长大卫·休斯开始紧缩开支,乌松的处境变得越来越艰难,甚至于到了拿不到工资的地步。于是,他在一气之下铤而走险,写了一封辞职信送给了休斯。乌松后来回忆说:“那时候,我原以为他们是会请我回去的。”但是他错了,澳大利亚政府方面并没有挽留他,事实残酷地打破了乌松的幻想。当他的辞职信送走后 1 个小时,一辆灰色的政府小车直接开进了悉尼歌剧院总建筑师的办公室,送给了乌松一封来自公共工程部部长休斯的回信,上面写着短短的一句话:“谢谢,我们接受你的辞职。”“对他来说,不能继续建造悉尼歌剧院无疑是一个巨大的打击”,乌松的儿子回忆说。于是,极度失望的乌松带着他的家人和自己的工作室离开了澳大利亚,并在离境时发誓将永远不再踏上这片给他带来希望而又带给他伤心和失望的土地。这就是他从来没有亲自看到过自己的作品——悉尼歌剧院的重要原因之一。

5. 乌松设计的悉尼歌剧院只完成了外部施工就因为乌松的离开而被迫中断,一支经验并不丰富的建筑队伍被指定和招募来完成了剩余的内部施工。悉尼歌剧院这项原本为期为 4 年的建筑计划最后竟花了 14 年零 7 个月才最后完成。而整个工程的造价预算也从最初的 700 万美元飞升到了 1 亿美元。然而,这件艰难出世的建筑物不久便成为全世界公认的艺术杰作,他的“静若洁白贝壳,动若出海帆船”的造型成为澳大利亚人民的骄傲。2003 年,乌松因此被授予了建筑学里的诺贝尔奖——“普利策建筑奖”。普利策建筑奖评选委员会在宣布得主时,将乌松设计的“白帆型”悉尼歌剧院称为“20 世纪最具标志性的建筑之一”,并盛誉这项设计“毫无疑问是其最杰出的作品……是享誉全球极具美感的作品,它不仅是一座城市的象征,而且是整个国家和整个大洋洲的代表”。评选委员会称,乌松非凡的创造力“涵盖了人类历史许多文化的精髓,玛雅文化、中国文化、日本文化、伊斯兰文化,以及他自己所属的斯堪的纳维亚文化等多种文明的痕迹都为他提供了创作灵感”。

6. 悉尼歌剧院传奇般的诞生经历使全澳大利亚人对它着了迷,有关悉尼歌剧院的书籍、电影陆续问世。1995 年,作曲家阿兰·约翰以此为主题创作的歌剧“第八奇迹”在悉尼歌剧院隆重上演,取得了成功,反响热烈。自从 1973 年开放以来,悉尼歌剧院成了全世界最繁忙的演出中心,平均每年有 3000 场演出在这儿进行,接待的观众达 200 万人次。但是,悉尼歌剧院的内部构造却与它壮丽的外观不太匹配。不仅音响效果不好,歌剧院的后台空间也显得过于局促,乐队演奏的席位狭小而拥挤,观众座位之间的阶梯也过于陡峭。曾经有批评家将悉尼歌剧院形容为“徒有三角钢琴的外表,里面却是一堆生锈的琴键”。许多演奏家都不愿忍受悉尼歌剧院糟糕的音响效果,据说悉尼的交响乐团甚至一度威胁要抵制在悉尼歌剧院演出。悉尼歌剧院信托基金会主席约瑟夫就曾表示,歌剧院一直以来“就像一个被施了魔咒的城堡,没有一个有天赋的建筑师愿意考虑对它进行维修”。这种结果是谁之罪?最初的设计者乌松?乌松没有参与后期,尤其是内部的设计与装修工作。澳大利亚政府?他们是一些政客,主要的目的是玩弄政治而不是艺术,悉尼歌剧院是他们政治上的一个筹码而已。后期接手乌松工作的澳大利亚本土建筑设计师们？他们没有太多的创意，只是遵循乌松的设计方案而已，因为他们自己也清楚，在悉尼的建造中，他们是不可能超越乌松的。这种结果的是与非，是很难加以评判的。

7. 对悉尼歌剧院的整修工作已经被列入计划实施，澳大利亚政府希望以此来平息来自各个方面的批评，而乌松的梦想又有了重新实现的可能。音响效果和灯光都需要进一步改善，狭窄的乐队演奏席位也将被扩大。歌剧院的入口将被重新设计，前场将被改造成一个室外演奏平台。根据计划，建造了一个由 9 块玻璃嵌板支撑的柱廊，这将是自 1973 年悉尼歌剧院开放以来所做的最大改动。此外，混凝土墙上将钻出一些洞口使大厅的通风效果更好。乌松曾经就悉尼歌剧院所存在的问题表示："柱廊在白天可以吸引人们的注意，在夜间又可以作为观众进入歌剧院的绝佳入口。"不过，悉尼歌剧院的主要整修工作将由他的儿子詹·乌松和查理·约翰逊来完成。

8. 1999 年，乌松与悉尼政府当局达成和解，他为悉尼歌剧院又设计了新西柱廊。而正在澳大利亚准备参加英联邦国家运动会的英国女王伊丽莎白二世将主持启用仪式，这一次，她对乌松的贡献予以了表彰。据报道，乌松表示，他本人去不了悉尼，但他的儿子詹·乌松将前往悉尼歌剧院，代他接受英国女王伊丽莎白二世的公开表彰。詹·乌松后来说，他的父亲对英国女王将承认他的工作感到"非常高兴和感激"，"他从来没有想到歌剧院能够成为如此著名的一个标志。他很高兴歌剧院在澳大利亚人心中占有如此重要的地位"。但是，乌松本人始终没有亲眼看见过建成之后的悉尼歌剧院。

9. 尽管已经接过了澳大利亚政府伸出的橄榄枝，但乌松本人还是拒绝了所有来自澳大利亚方面的邀请。澳大利亚政府也曾经尝试为他提供机票和邮轮包厢，一些电影制片人甚至提出了以自己的私人飞机专程载乌松和他的家人环球旅游，并且可以随时随地地停下来。但这些邀请都被乌松拒绝了。他与妻子一起生活在西班牙的马略卡岛上过着隐居的生活，正如他自己所说："我们住在这里就像树梢上的鸟儿一样"。真是世外高人！

10. 当年的悉尼歌剧院差点毁了乌松的建筑师生涯。但是他后来承认，那其实是一次千载难逢的机会。虽然他赢得了悉尼歌剧院设计竞赛的头奖，但这个奖来得并不容易。因为还在设计竞赛的预选阶段，乌松的设计构想就遭到了淘汰。然而，现代主义建筑大师埃利尔·沙里宁作为评委之一，他被乌松那独特大胆的设计所迷住，硬是从一大堆废纸中找到了乌松的设计图纸，并当即在评委会上宣布，他无法再支持其他人的设计作品。在领取了设计竞赛奖金后，乌松返回了斯堪的纳维亚半岛。他当时压根就没有希望再被叫回悉尼去建造悉尼歌剧院。他告诉妻子，他并不抱期望他的设计作品会变成一座实实在在的建筑物。但是，到了 1957 年，乌松接到通知，他的设计图纸将变成现实生活中的一座活生生的建筑。这个不抱希望的希望，在 1973 年终于梦想成真，成为人类建筑史上的一个奇迹。

2003 年，普利策建筑奖评选委员会将建筑界的"诺贝尔奖"——"普利策建筑奖"授予了乌松，其评语是："约恩·乌松是一位建筑师。他扎根于历史，触角遍及玛雅、中国、日本、伊斯兰的文化，以及其他很多的背景，包括他自己的斯堪的纳维亚人的遗传。他把那些古代的传统与自己和谐的修养相结合，形成了一种艺术化的建筑感觉，以及和场所状况相联系的有机建筑的自然本能。他总是领先于他的时代，当之无愧地成为将过去的这个世纪和永恒不朽的建筑物塑造在一起的少数几个现代主义者之一。"

二、悉尼港湾大桥

在悉尼的杰克逊海港，还有一个建筑与举世闻名的悉尼歌剧院隔海相望，同为悉尼象征的是悉尼港湾大桥(Sydney Harbour Bridge)，又称"悉尼海湾大桥”,是为悉尼早期的建筑代表。

悉尼湾(Sydney Cove)的西南角是悉尼港湾大桥,东南角则是悉尼歌剧院。悉尼港湾大桥和悉尼歌剧院都是悉尼的象征性建筑。1788 年 1 月 26 日,英国第一支船队就是在这里登陆安营扎寨的。所以,1 月 26 日这一天便成了澳大利亚的国庆日。当时的船长和第一任总督亚瑟·菲利普(Arthur Phillip)将此海湾命名为悉尼湾,以献给他的上司,英国内政大臣悉尼子爵。

悉尼港湾大桥从它的酝酿到最后建成,前后花费了整整一个世纪之久。早在 1815 年,就有人提出了建桥计划。当时的建筑师弗朗西斯·格林威(Francis Greenway)建议新南威尔士州总督麦觉理在悉尼湾的北部海港建造一座桥梁。1840 年,海军建筑师罗伯特·布林德利建议建造一座铁桥。在经过了 40 多年的酝酿之后,1857 年,悉尼工程师彼得·翰德逊绘制了第一张设计图,这是目前已知的最早的设计图纸。1880 年,建造一座造价为 85 万英镑桥梁的提案被提出。1900 年,曾经进行过一次竞赛,试图找到一个合适的桥梁设计,但最终因为没有找到一个被认为是合适的方案而放弃。经过反复修改后,一直到了 1923 年才根据督建铁路桥的总工程师约翰·布拉德菲尔德(John Bradfield)博士的蓝图进行招标,由英国的都门朗建筑公司中标承建,布拉德菲尔德博士为总工程师。1924 年,悉尼港湾大桥破土动工,1932 年 3 月 19 日竣工通车,整个工程历时 6 年多。由于布拉德菲尔德博士对悉尼港湾大桥建设多年来的卓越贡献,他后来被称为“悉尼港湾大桥之父”,该桥梁的主要车道也被命名为布拉德菲尔德公路(Bradfield Highway)。

按照现在的建筑标准,悉尼海湾大桥在施工期间的安全措施很不合格。在整个大桥的施工期间,有 16 名工人死亡,其中 2 人是直接从桥梁上摔死的。许多工人在进行铆钉加热和插入铆钉时受伤,以至于许多年以后患上了耳聋。著名摄影师亨利·莫勒(Henri Mallard)在建桥期间拍摄了数百部照片集和电影胶卷,在世界艰难的经济大萧条时期下,近距离地展示了工人阶级的英勇。

悉尼港湾大桥整个工程的全部用钢量为 5.28 万吨，铆钉数量为 600 万个，其中最大的铆钉重 3.5 公斤。用水泥 9.5 万立方米，桥塔、桥墩用花岗岩 1.7 万立方米。大桥用油漆 27.2 万公升。我们从这些数字就可以看出悉尼港湾大桥这座铁桥工程的浩大。在 20 世纪 30 年代的科技和施工条件下，能在海上凌空架设如此巨大的铁桥，实属罕见。整个悉尼港湾大桥的桥身长度（含引桥）为 1149 米，从海面到桥面的高度为 58.5 米，从海面到桥顶的高度达 134 米，万吨巨轮可以自由地从桥下通过。桥面宽 49 米，可以通行各种汽车，中间则铺设有双轨铁路，两侧人行道各宽 3 米。原来还铺设了有轨电车车轨两条，后来因交通堵塞才把它拆除，划出 8 条汽车道。悉尼港湾大桥最大的特点是它的拱架，跨度为 503 米，而且是单孔拱形，这是世界上所少见的。大桥的钢架头搭建在两个巨大的钢筋水泥桥墩上，桥墩高 12 米，两个桥墩上各建有一座塔，塔高 95 米，外形有点类似英国的伦敦塔。

悉尼港湾大桥横跨悉尼港连接悉尼中央商业区与北岸。因为港湾大桥的外表造型像一个老式的大衣架，因此有人称其外号为“衣架”。直到 20 世纪 1967 年为止，悉尼港湾大桥还是悉尼市的最高建筑。据吉尼斯世界纪录，悉尼港湾大桥是世界上最高的钢铁拱桥，曾经是全球最宽的长跨距桥梁，直到 2012 年，才被加拿大温哥华的第二代景港大桥所取代。悉尼港湾大桥的建造成本为 625 万澳币，直到 1988 年才最后完成建桥经费的偿付。

悉尼歌剧院的所在地悉尼湾的贝尼朗岬角，游人如织，市民如潮。蓝色的是天空和海洋，白色的是白云和悉尼歌剧院的屋顶，黑色的是悉尼港湾大桥，红色的是悉尼歌剧院对面的原总督府旧址，彩色的是各种邮轮与游艇；飞翔的是海鸥和其他海鸟，涌动的是海潮和浪花，躁动的是各种各色人群，静止的是不变的建筑，闪烁的是摄影的灯光。外地游客们在此欣赏鬼斧神工的人类建筑杰作，本地市民们则在此享受秋天的阳光。我们在阳光下观赏，在拍照，他们在阳光下品咖啡，在喝酒。我们为悉尼歌剧院所折服，为悉尼港湾大桥所惊叹，而他们在悉尼歌剧院跑步，在悉尼港湾大桥蹦极。这里与其说是世界建筑奇迹、世界文化遗产的所在地；倒不如说是一个超级大广场，一个市民的休闲场所。

在这里，我们遇到了一个中国南京来的旅行团，一个60多岁的退休中学教师，因为对澳大利亚的风俗习惯不太了解，看到悉尼的市民在太阳下享受日光浴，品尝啤酒，于是拍了几张照片。几个老外看见后，追过来，不但要求这位老师删除相机里的照片，自己亲自检查，而且要求给他们赔礼道歉，说侵犯了他们的人身自由和隐私权。弄得我们这位人民教师好不尴尬，身处异地，只好按别人的要求赔礼道歉，息事宁人。他对我们讲，他教了一辈子的书，从来没有出过国，也从来没有向别人赔礼道歉，哪知第一次出国就遇上这样的事情，丢尽了脸，早知如此，就待在国内不出来也就罢了。说到这里，他的眼眶里含着泪花，神情凄惨。我的心里也是十分难受，大有兔死狐悲的感觉。是不是我们中国人在国外的形象不好，做错了什么事？还是老外瞧不起中国人，故意欺负我们？我们的尊严就不值钱吗，我们就没有人格吗？我与这位老教师同样弄不明白，形同身受，感到无语。

第四节 走向墨尔本

按照行程安排，我们一行于下午3点半要结束悉尼之旅，乘车去机场办理登记手续。因为去墨尔本属于澳大利亚的国内航线，所以相对来说，登记手续要简单一些。飞行航班是 QF451 SYDMEL 1757 1850。从悉尼飞往墨尔本，时间大约是1小时35分。17点15分，飞机准时从悉尼起飞，飞往墨尔本。我们这次乘坐的航班飞机是波音737。波音737系列飞机是美国波音公司生产的一种中短程双发喷气式客机。自从20世纪60

年代投产以来,50多年过去了,它却一直销路长盛不衰,成为民航历史上最成功的窄体民航客机系列,被称为是世界航空史上最成功的民航客机。目前,波音737系列客机已经发展至9个型号。在这趟航班上的空乘服务员,全部是年龄在50岁以上的"空乘大妈",而并不是国内航空公司飞机上的空乘服务员"空乘小姐",但她们的服务态度与服务水准并不比"空姐"差。

傍晚6点50分,我们准时到达墨尔本机场。在机场出口处,因接机者(接团的导游)因故在路上迟延,导致在机场出口处等待几近半个小时。在墨尔本接机的导游姓张,1970年生,上海人。1988年去日本留学(专科),毕业后回上海开了一家咖啡厅。1997年移民来到墨尔本,至今已经16年。他当时是为投资移民,20万人民币,到澳大利亚后仍然开咖啡厅,现在专职做导游。此人嘴巴会讲,给人的感觉不太诚实,在路上开车也速度非常快。

接机后去华人所开的北京同文府餐厅吃晚餐,为自助火锅。此餐厅为上海人所开,在餐厅可以看中国的电视节目。为解除路途疲惫,我们一行在餐厅买了一瓶中国产的白酒,北京牛栏山二锅头,170澳元1瓶,约合人民币1000元左右,比在国内贵多了。该餐厅食物内容十分丰富,任你自己挑选,是几天来吃的最为惬意的晚餐。

晚餐后,我们入住在皇后大道65号(65 Queens RD)的塞贝尔和城门阿尔伯特公园酒店(The Sebel And Citigate Albert Park Melbourne)。该酒店为四星级,附近有阿尔伯特公园湖(Albert Park Lake)、世界F1方程式赛车墨尔本赛道、菲力普海湾(Port phillip Bay)等景点。

第五章

走近墨尔本

4 月 25 日,星期四,晴。

根据澳大利亚新西兰之行的日程安排,今天是进行墨尔本城市考察。

早晨起来陪童校长一起跑步。穿过澳大利亚墨尔本赛车场,进入阿尔伯特公园湖,观湖上的天鹅与其他水鸟情况,看最早澳大利亚网球公开赛的场馆。

澳大利亚墨尔本赛车场,在我们所住的酒店对面。自 1996 年到 2006 年的 10 年间,在这里共举办了 7 次世界 F1 方程式赛车赛事。每年的世界 F1 方程式赛车赛事期间,全世界大约有 10 万名游客和赛车爱好者汇聚于墨尔本,在短短的几天赛事中,他们会给墨尔本带来近 2 亿美元的旅游收入。

穿过墨尔本世界 F1 方程式赛车赛道,就是阿尔伯特公园湖(Albert Park Lake)。它虽然是一个人工湖,却吸引了大量的白天鹅、黑天鹅、苏格兰雷鸟、凤头鸳鸯、各种野鸭以及许多澳大利亚本土的鸟类。其中又以一种叫“清道夫”的水鸟居多,据说因为这种鸟专门吃湖里的垃圾和水草而得名。湖中的天鹅和鱼鹰脖子上面都带有项圈,做有专门的标记,可以进行 GPS 定位和跟踪。这些鸟类都不怕游客和行人,并且主动接近游客和行人,与人亲近,求人乞食。童校长童心未泯,不断地和黑天鹅以及其他水鸟逗玩和拍照,真是童趣仍在,童真可爱!据公园里的警示牌提示说,这些可爱的天鹅有时也会向人类发动攻击,所以要求家长们不要让小孩单独去给天鹅喂食,以免受到伤害。据介绍,早期的澳大利亚网球公开赛的比赛场地就在阿尔伯特公园湖中老板的一个库房板球比赛场地进行,直到1964年开始修建专门的网球比赛场地为止。现在在它的原址上新建了一座小型田径场、一座网球馆和附属的四个网球场以及英式橄榄球球场,每天早晨,有许多青少年在教练的指导下练习网球和英式橄榄球。

第一节 走近墨尔本

墨尔本(Melbourne)是澳大利亚第二大城市,维多利亚州的首府。它与悉尼一样,是著名的国际大都市。墨尔本曾经连续多年被联合国评为最适合人类居住的城市之一。1851—1860年,由于在墨尔本附近发现金矿,淘金热潮使得人口激增,其中就有许多来自中国的淘金工人,以至于有人认为墨尔本是最先为华人所发现。我们的导游小张就持这种观点。在这种情况下,墨尔本迅速成为当时的大英帝国乃至世界上少有的繁华大都市,并且因此获得了"新金山"的称号,以与美国的"旧金山"相区别。正因为如此,1901年至1927年,墨尔本成了澳大利亚的首都。

墨尔本早期称"巴特马尼亚"(Batmania)和"格莱内尔格"(Glenelg),是以英国在塔斯马尼亚的殖民大臣的名字命名。当地的土著名称为"Berrern"或"Bararing"。1837年,维多利亚州总督理查德·伯克(Richard Burke)以英国首相墨尔本(William Lamb Melbourne)命名,一直延续至今。

墨尔本素有"澳大利亚文化之都"的美誉,除了是澳大利亚的文化、工业中心之外,还是一个时尚之都。在服饰、艺术、音乐、电影电视制作、舞蹈等潮流文化方面引领着全澳大利亚,在某些领域甚至还引领着全球。如在体育方面,墨尔本是南半球第一个主办夏季奥运会的城市;一年一度的全球四大网球公开赛之一的澳大利亚网球公开赛就在墨尔本举行；著名的F1赛车澳大利亚的比赛也在墨尔本举行。

1956年，第16届现代奥林匹克运动会在澳大利亚墨尔本举行，这是一次缺少中国参加的奥运会。1949年，国际奥委会召开执委会，讨论第16届奥运会的主办城市。当时共有10个城市提出了申请(墨尔本、布宜诺斯艾利斯、墨西哥、蒙特利尔、底特律、洛杉矶、明尼阿波利斯、旧金山、费城、芝加哥)，最后是澳大利亚的墨尔本获胜。墨尔本之所以获胜，是因为当时的国际奥委会当时达成了一项共识：由于过去的奥运会都是在欧美举行，大家认为必须要改变这种状况，在欧美以外的城市举行，以更好地推动奥林匹克运动在全世界的发展。墨尔本奥运会于1956年11月22日至12月8日举行，参赛的国家共有67个。由于经费问题，不少国家都减少了参赛运动员的人数。两个德国(民主德国和联邦德国，即大家通常说的东德和西德)经过协商，组成了德国联队参赛。中国没有参加墨尔本奥运会。1954年5月，在希腊举行的国际奥委会会议上讨论了中国代表权的问题，经过激烈的争论，大会最后以23票对21票的微弱优势通过了决议，承认中华全国体育总会为中国奥委会。但是当时的国际奥委会主席、美国人布伦戴奇(Avery Brundage，1887—1975，在1952—1972年间担任国际奥委会主席长达20年之久。在冷战时期，他对中国的仇视比美国政府还要严重，强烈的偏见使他极力阻碍恢复中华人民共和国在国际奥委会的合法地位。他以其特有的独裁方式统治国际体坛长达20年，直到85岁高龄时，才被迫依依不舍地交出了权力)在中国代表权问题上故意设置障碍，未经过任何讨论，就私自将台湾也列入国际奥委会承认的各国奥委会名单之列，以此来制造“两个中国”。1955年6月，中国奥委会副主席兼秘书长荣高棠参加了在法国巴黎举行的国际奥委会执委会与各国奥委会代表联席会议，他在会上指出，把台湾列入国际奥委会是非法的。但布伦戴奇以“体育与政治无关”为借口，不讨论台湾的合法性，拒绝了中国奥委会的正义要求。

中国奥委会为参加墨尔本奥运会做了认真的准备,中国代表团组成后在广州集合准备出发,澳大利亚的朋友和华侨们也都做好了接待中国代表团的准备工作,《人民日报》为中国体育代表团即将出发参加墨尔本奥运会专门发表了社论。但是,国际奥委会无视中国奥委会的严正立场,顽固地推行“两个中国”的政策。先期到达墨尔本的中国体育代表团副团长黄中向奥运会组委会提出抗议,但被奥运会组委会驳回。于是,中国奥委会发表声明:在国际奥委会和第16届奥运会组委会改正错误之前,中国运动员不能参加本届奥运会。不久,中国奥委会正式宣布不参加墨尔本的第16届奥运会。

布伦戴奇继续采取敌视中国的态度,在国际奥委会中鼓吹“两个中国”,使台湾窃取了中国在国际奥委会中的合法席位,先后5次派代表团参加奥运会。在布伦戴奇的操纵下,国际奥委会于1970年还选举台湾的徐亨为国际奥委会委员。在布伦戴奇的影响下,一部分国际单项体育组织也陆续承认中国和台湾的体育组织,出现了“两个中国”的情况。于是,中国奥委会和有关体育组织先后愤然退出了国际足联、田径、举重、游泳、篮球、射击、自行车、摔跤联合会和亚洲乒乓球联合会等9个国际单项体育组织。1958年8月9日,中国奥委会郑重发表声明,宣布与国际奥委会断绝一切关系。从此,在相当的一段时间里,中国人对奥运会的观念淡泊,与国际体育的交流减少,许多体育项目开始落后于世界先进水平。

1979年11月26日,国际奥委会恢复了中国在国际奥委会中的合法地位,中国重新回到国际奥林匹克运动的大家庭之中。先是在1978年,国际田联和国际体操联合会相继恢复了中国的合法地位。国际奥委会经过20多年的发展,也发生了很大变化。爱尔兰人基拉宁男爵(Michael Morris Baron Killanin,1914—1999年,在1972至1980年担任国际奥委会主席)从当选为国际奥委会主席起就一直希望中国能参加奥运会比赛,他说:一个拥有世界上人口最多的国家不能参加奥运会,这是一个奇怪而反常的现象,失去中国的奥运会,是不完整的奥运会。1979年11月26

日,国际奥委会全体委员表决,以62票赞成、17票反对、2票弃权,通过了决议:中华人民共和国奥林匹克委员会的名称为“中国奥委会”,使用中华人民共和国的国歌和国旗;设在台北的奥委会的名称为“中国台北奥委会”,不得使用以前使用的国旗、国歌和会徽。中国奥委会同意了这个决议。1981年,中国奥委会副秘书长何振梁当选为国际奥委会委员,后来又被选为执委会委员和国际奥委会副主席。

1984年7月28日,中华人民共和国由225名运动员组成的中国代表团出现在洛杉矶奥运会的开幕式上,中国台北奥委会也派出了67名运动员参加比赛,这是海峡两岸中华儿女首次在奥运会上相逢。在23届洛杉矶奥运会上,尽管中国体育代表团是第一次参加奥运会的比赛,但却取得了令世界感到惊叹的成绩,以金牌15枚、银牌8枚、铜牌9枚的优异成绩,名列金牌榜第四。当时美国舆论认为,中国正在成为国际体坛中的一支重要力量;日本舆论认为中国已经取代日本的地位而成为亚洲第一体育强国;法国舆论认为,中国的体育将来和他的政治一样,成为能与美国、苏联抗衡的重要力量。国际体育记者协会主席泰勒先生庆幸中国体育代表团参加了洛杉矶奥运会,他说:如果没有中国的参加,本届奥运会就“逊色”了。

第23届洛杉矶奥运会中国体育代表团获奖项目和运动员名单如下:

1. 金牌15枚:中国女子排球队(女子排球)、许海峰(男子自选手枪)、李玉伟(男子几米移动靶)、吴小璇(女子标准步枪)、曾国强(52公斤级举重)、吴数德(56公斤级举重)、陈伟强(60公斤级举重)、姚景远(67.5公斤级举重)、李宁(男子自由体操、男子鞍马、男子吊环)、楼云(男子跳马)、马燕红(女子高低杠)、栾菊杰(女子花剑)、周继红(女子跳台)。

2. 银牌8枚:中国男子体操队(男子团体)、楼云(男子自由体操)、童非(男子单杠)、李宁(男子跳马)、周培顺(52公斤级举重)、赖润明(56公斤级举重)、谭良德(男子跳板)、李玲娟(女子射箭)。

3. 铜牌9枚:中国女子体操队(女子团体)、中国女子篮球队(女子篮球)、中国女子手球队(女子手球)、王义夫(男子自选手枪)、黄世平(男子几米移动靶)、吴小璇(女子汽步枪)、朱建华(男子跳高)、李宁(男子个人全能)。

在1956年第16届墨尔本奥运会上,澳大利亚本土运动员克拉克是澳大利亚公众崇拜的偶像,也是本届奥运会圣火的点燃者。但是由于是初次参加世界大赛,心情紧张,所以在5000米和10000米的两项长跑中均名落孙山。然而,他却是一名杰出的长跑运动员,在20世纪60年代屡破世界纪录。在他的运动生涯中,共19次打破各种长跑世界纪录。1965年创造了10000米27分39秒4的世界纪录,成为世界上第一个10000米突破28分大关的人。因此,被评为1965年度“世界最佳田径运动员”。然而,他作为世界上享有盛名的运动员,却在世界重大国际比赛中屡屡失利,从1956年到1968年,他连续参加4届奥运会,从未取得过重大胜利,只是在1964年的东京奥运会上获得一块铜牌,因此在世界体坛上造成了一种具有特殊意义的“克拉克现象”,又称“克拉克魔咒”,即在赛前夺冠呼声最高的运动员在重大比赛中经常出现情绪紧张,不能正常发挥而最后导致失利。如何克服“克拉克现象”则成为体育科研人员的一个重大研究课题。

在墨尔本奥运会的游泳比赛中,东道主澳大利亚队大放光彩,一举夺得了13个项目中的8枚金牌。出现了两位著名人物:默里·罗斯和道恩·弗雷泽。当年只有17岁的罗斯一人独得男子400米、1500米和4×200米自由泳3枚金牌。4年后,在罗马奥运会上,在同样3个项目中,分获金、银、铜牌。他在整个游泳生涯中,总共5次创造了自由泳世界纪录。但是,比罗斯名气更大的是澳大利亚女游泳选手道恩·弗雷泽,她是家里8个孩子中最小最任性的一个。1954年,17岁的她就创造出了女子100米自由泳59秒9的世界纪录,在世界上首次突破1分大关。1956年,她第一次参加在墨尔本举行的奥运会,就以1分02秒的成绩夺得100米自由泳金牌;在女子 4×100 米自由泳接力赛中,又游出了 4 分 17 秒 1 的成绩夺得金牌,并改写了世界纪录。但是这位游泳天才性格外向,放荡不羁。1960 年,她在罗马奥运会上蝉联女子 100 米自由泳金牌,当晚就邀请了几位朋友在酒吧里闹了一个通宵,以至于在第二天的两项接力赛中澳大利亚失利,只获得两枚银牌。因此她遭到多方面的指责,许多人还提议将她开除出国家队。1962 年,弗雷泽参加欧洲共同体国家运动会,她一鸣惊人,在女子 100 米自由泳中游出了 59 秒 9 的正式世界纪录。在面对记者采访时,她说的第一句话是:我现在好想喝酒。1964 年 3 月,她在开车时不慎出了车祸,母亲当场死亡,她本人则受了重伤。人们没有想到的是,半年后,10 月 3 日,弗雷泽又在东京奥运会上第 3 次夺得女子 100 米自由泳金牌,成为奥运会上唯一一位 3 次蝉联奥运会游泳金牌的选手。弗雷泽 3 次参加奥运会,夺得 4 枚金牌、2 枚银牌,12 次创造女子 100 米自由泳世界纪录,4 次创造女子 200 米自由泳世界纪录。她卓越的游泳天才和不拘小节的性格铸成了"胜利女神"和"自由女神"的双重性格,成为体育史上人们经常谈论的话题。

澳大利亚在墨尔本奥运会上凭借主办国的优势,一举夺得金牌 13 枚、银牌 8 枚、铜牌 14 枚,名列苏联(金牌 37 枚、银牌 29 枚、铜牌 32 枚)、美国(金牌 32 枚、银牌 25 枚、铜牌 17 枚)之后,进入前三甲。

在墨尔本奥运会的闭幕式上,运动员入场不再是以国家和地区列队入场,而是各国男女运动员混杂在一起,形成一股洪流涌入场内。据说这种入场式是根据一位 17 岁出生在澳大利亚的华人少年的建议而进行的。他在给奥运会组委会的信中写道:"在闭幕式入场时让各国运动员作为一个国家的整体出现,让人们把战争、政治和各国国籍统统忘掉。如果全世界能形成一个国家,人们则不会再有更高的要求。在奥运会这个小范围内,你们可以做到这一点。这是我的想法。我相信大家,包括你们自己均会同意我的这一想法。这将是一次盛大的场面,人们将会永远把它记在心中"。墨尔本奥运会的组委会认真研究了这封信,认为他的想法是正确的,因为他深刻地认识到体育运动所具有的世界性的本质特点,所以他们果断地把这一想法落实到实际行动中。这在以后历届奥运会中的闭幕式,都延续了这种方式,象征着奥林匹克大家庭中世界各地运动员不分你我的大团结。

澳大利亚网球公开赛(Australian Open Championship)是世界网球四大满贯赛事之一,简称为“澳网”,也是网球四大满贯赛事中首先登场的。比赛在室外硬地球场上进行,通常于每年1月的最后两个星期在墨尔本举行。目前,澳大利亚网球公开赛赛事由澳大利亚网球协会(Tennis Australian)主办。澳大利亚网球公开赛于1905年创办以来,已经有了100多年的历史。

1904年,澳大利亚和新西兰的网球机构官员决定成立澳大拉西亚草地网球协会(the Australasian Lawn Tennis Association)负责筹办每年一届的澳大拉西亚锦标赛(Australasian championships),并共同组队参加戴维斯杯的比赛。1905年11月,首届澳大拉西亚锦标赛在墨尔本的阿尔伯特公园(Albert Park)内的仓库老板板球场(Warehouseman´s Cricket Ground)举行。当时共有17名男选手参赛,最后罗德尼·希斯(Rodney Heath)夺得了男子单打冠军。

澳大拉西亚锦标赛最初一直是在澳大利亚和新西兰两国主要的城市之间轮流举行,是一种交流方式。1922年,新西兰宣布退出澳大拉西亚草地网球协会,成立自己的网球协会。同年,澳大拉西亚锦标赛还增设女子组和混双组的比赛,玛格丽特·莫尔斯沃思(Margaret Olesworth)成为澳网历史上的首位女单冠军。1927年,这项赛事更名为澳大利亚锦标赛(Australasian championships)。1968年,网球获得职业化,澳网就被列为世界网球四大公开赛事之一,并于1969年正式更名为澳大利亚公开赛(Australian Open)。

自从1905年举办首届比赛以来,澳网先后在墨尔本、悉尼、阿德莱德、珀斯和新西兰等6个地方举行过。后来由于各界对比赛地点的不确定性的抱怨越来越强烈，1972 年，赛事的组织者决定将比赛固定在一个能够吸引最多观众和最多赞助商的城市来举办。讨论的结果是澳大利亚网球公开赛再次回到并且永久地落户于它的诞生之地——墨尔本。在接下来的 16 年里，澳网一直是在墨尔本库扬草地网球俱乐部（the Kooyong Lawn Tennis Club）的场地上举行。1977 年，澳网由通常的 1 月改到 12 月举行，但由于比赛时间紧邻圣诞节，所以时间的改变并没有预先想象的那样效果，反而还增添了许多麻烦。因此，到了 1986 年，比赛重新定与每年的 1 月最后两个星期举行，并一直延续至今。

1988 年，澳大利亚政府斥巨资在墨尔本中央商业区南边的墨尔本板球场旁边新建的费林德斯公园网球中心正式启用，并立即取得了效果，观众的数量超过了 26 万多人次。同时，澳网也由原来的草地改为现在的硬地球场。1996 年，澳网的比赛场地再次扩大，并更名为墨尔本公园。2008 年，由于以往比赛选手经常提出澳网球场范围和场内其他位置的颜色十分刺眼，影响球员判断来球以及观众欣赏赛事，于是澳网赛会重新铺设场地，把沿用多年的绿色场地改为蓝色，场馆内除球场范围外其他地方则转为浅蓝色，并把这种颜色命名为“澳网纯正蓝”注册为商标。

在澳大利亚网球公开赛 100 多年的历史中，澳大利亚本土选手获得了 20 世纪 80 年代以前的历届比赛的大部分冠军。特别是在 20 世纪 60 年代澳大利亚网球的黄金时期，他们几乎是包揽了所有的冠军头衔。但是自从 1988 年澳网进驻墨尔本公园后，至今没有澳大利亚本土选手获得过澳网的男女单打比赛的冠军。

为了给运动员和观众们创造一个舒适的环境，提高赛事的规格是赛事组委会的目标。2013 年澳网公开赛期间，澳大利亚网球协会对外宣布已经启动了一项高达 3.63 亿澳元的扩建计划，并且保证澳网赛事将一直在墨尔本举办至 2036 年。根据澳网官方网站报道，围绕墨尔本公园的首期扩建计划在目前的第三中心球场进行，将为玛格丽特—考特球场加建可伸缩顶棚，同时在原有的基础上增加 1500 个座位。这项工程结束后，澳网将成为网球四大满贯赛事中唯一拥有3个全天候球场的赛事单位。作为网球首期工程的另一个重点,澳网将在墨尔本公园内建立一个新的东部广场,其中包括新建8块室内球场和13块室外球场。同时还计划新建一条连接墨尔本公园和两个球场的人行天桥。澳网扩建工程计划的首期工程将在5年内完成,而全部工程预计需要10到15年的时间。澳大利亚网球协会的首席执行官伍德说:“扩建将让澳网的未来确定在墨尔本举行至少要到2036年”。

在澳大利亚网球公开赛上获得冠军的选手,可以将自己的名字永久地镌刻在永久奖杯上。其中男子单打冠军被授予诺曼·布鲁克斯(Noman Brookes)挑战杯;女子单打冠军被授予达芙妮·阿克赫斯特(Daphne Akhurst)纪念杯。这两位冠名者都是澳大利亚网球公开赛历史上著名的人物,布鲁克斯是澳网的创始人之一,被誉为“澳大利亚网球之父”;阿克赫斯特则是在澳网赛事之初连续5次夺得澳网女单冠军。

澳大利亚网球公开赛的吉祥物为有澳大利亚国宝之称的考拉。澳网比赛的总奖金也在不断攀升:2010年,澳网的总奖金为2410万澳元;2011年,澳网的总奖金为2500万澳元;而到了2013年,澳网的总奖金则增加到了3000万澳元(折合人民币为1.94亿元人民币)。2014年,澳网的总奖金更是达到了3300澳元。其中男女单打冠军的奖金为265万澳元,男女双打冠军的奖金为52万澳元。

中国网球运动员历年来在澳大利亚网球公开赛的成绩为:2006年,我国选手郑洁、晏紫获得女双冠军;2008年,中国选手孙甜甜和塞尔维亚选手泽蒙季奇组成的跨国组合获得混合双打冠军;2010年,我国选手李娜和郑洁双双进入女子单打四强,这是在100多年来网球四大满贯赛事历史上首次有亚洲球员进入四强,而且是两位,只可惜在争夺决赛权中又双双失利出局;2011年,中国选手李娜获得女子单打亚军;2013年1月24日,中国选手李娜以两个6:2战胜了俄罗斯著名美女运动员莎拉波娃,时隔两年后再一次杀入澳网决赛,但在决赛中对阵白俄罗斯选手阿扎伦卡时,两次扭伤脚踝,并且头部着地受伤,最终以 1:2 的比分不敌对手,屈居亚军。2014 年 1 月 25 日,李娜第三次进入澳网女单决赛。在决赛中,李娜以 2:0(7:6,6:0)击败斯洛伐克选手多米尼卡·齐布尔科娃,捧起了澳网女单冠军的奖杯,这也是李娜继法网女单冠军之后的第二个网球大满贯赛事的奖杯。

世界一级方程式锦标赛(FIA Formula 1 World Championship),简称为"F1",是由国际汽车联盟(FIA)举办的最高等级的年度系列场地赛车比赛,全名是"一级方程式锦标赛",是当今世界最高水平的赛车比赛,与奥运会、世界杯足球赛并称为"世界三大体育盛事"。在世界一级方程式锦标赛中,车迷们所欣赏到的 F1 比赛可以说是集高科技、团队精神、车手智慧与勇气的集合体。F1 比赛是赛车中的顶级赛事,包括全年的统筹安排、每站比赛的赛事组织、车队工作、电视转播等各个方面都要安排得井井有条。现在的世界一级方程式锦标赛,已经是非常健全了。从 1950 年国际汽车联盟第一次举办世界锦标赛(First FIA Drivers'World Championship)以来,世界一级方程式锦标赛已经走过了 60 多年的历程,得到了成熟而长久的发展。

所谓方程式,是指竞赛的一种规定,即赛车要根据国际汽车联盟制定的各种标准进行设计和制造,其中包括车身尺寸、重量,引擎的最大功率,轮胎的花纹、尺寸等。而一级方程式(F1)就是各种方程式的集合体,是赛车中规格最高的赛车,也是全球所有赛车手和车迷们梦想中的殿堂。

F1 共有 11 支参赛车队,每场比赛最多只能有 22 位车手上场,每年规划有 16—19 站的比赛(2012 年赛季达到了 20 站比赛)。一般比赛从 3 月中旬开始,10 月底结束赛季。按照 F1 的章程,成立车队的必要条件是需要拥有自主研发的汽车底盘、发动机总成、空气动力学套件等可以使用其他车队或厂家的产品。例如红牛车队的引擎使用的是法拉利的法拉利 056,而法拉利车队也使用同样的引擎。除了大量的特别是与安全、空气动力学有关的规定外,"方程式"限定是发动机汽缸总容量为 3 升,禁止使用增压器,最小车重600公斤(包括车手及比赛装备)。F1赛车为单座的特制赛车,座舱是敞露在外的,巨大的轮胎也是暴露在车身外面的,没有翼子板遮挡。F1赛车不能在普通的道路上行驶,在汽车厂的流水线也不能生产,而是由各赛车公司或车厂的赛车运动部单独设计和制造。驾驶赛车的赛车手为一个人。比赛时22辆赛车根据排位比赛的成绩排列起跑顺序。当信号灯变为绿色时,22辆赛车同时出发,跑完规定圈数(每场为超过305公里的最小圈数),时间短者获胜。

F1比赛每个分站产生一名分站冠军,全年各分站成绩总积分最高的赛车手成为当年度的F1世界总冠军。2013年世界一级方程式锦标赛参赛的车队是:1号车队,奥地利的红牛车队;2号车队,意大利的法拉利车队;3号车队,英国的迈凯伦车队;4号车队,英国的路特斯F1车队;5号车队,英国的梅塞德斯AMG车队;6号车队,瑞士的索伯F1车队;7号车队,英国的印度力量车队;8号车队,英国的威廉姆斯车队;9号车队,意大利的红牛二队;10号车队,英国的卡特汉姆F1车队;11号车队,英国的玛鲁西亚车队。2013年世界一级方程式锦标赛的最终比赛赛历(比赛日程)为:第一站,澳大利亚墨尔本,3月17日;第二站,马来西亚雪邦,3月24日;第三站,中国上海,4月14日;第四站,巴林,4月21日;第五站,西班牙加泰罗尼亚,5月12日;第六站,摩纳哥蒙特卡洛,5月26日;第七站,加拿大蒙特利尔,6月9日;第八站,英国银石,6月30日;第九站,德国纽伯格林;第十站,匈牙利亨特骆林;第十一站,比利时斯帕;第十二站,意大利蒙孔;第十三站,新加坡;第十四站,韩国首尔;第十五站,日本鹿玲;第十六站,印度佛陀;第十七站,阿布扎比亚斯码头;第十八站,美国澳斯丁;第十九站,巴西英特拉格斯。

一级方程式赛车澳大利亚大奖赛墨尔本站从1985年起开始举办一直到现在,其中第一届澳大利亚大奖赛于1985年11月3日在阿德莱德(Adelaide)赛道举行。1985—1995年的10年间,一级方程式赛车澳大利亚大奖赛都是在阿德莱德赛道举行。1996年3月10日,澳大利亚大奖赛开始转至阿尔伯特公园赛道举行，一直到现在。墨尔本的阿尔伯特公园赛道属于街道赛场，赛道被安排在市区的阿尔伯特公园，整体布局相当流畅，没有常规街道90度的弯角阻减赛车的速度，赛道沿着公园湖面顺时针方向行驶，风景非常优美，所有的车手都非常喜欢这条赛道，所以每年一度的世界一级方程式锦标赛的开幕战，也就是比赛的第一站通常都会安排在澳大利亚的墨尔本。不过，每年都有一些民众举行抗议活动，反对在阿尔伯特公园举行F1比赛。

墨尔本是有着“花园之州”美誉之称的维多利亚州（Victoria）的首府，人口约450万人，其中华人不到40万，占总人口的8.6%左右。墨尔本是澳大利亚的工业重镇，也是一座充满活力和欢乐的城市，具备深厚的文化底蕴，被称为“澳大利亚的文化首都”。在澳大利亚人的心目中，它的第一大城市悉尼虽然繁华，但悉尼是一座商业城市，墨尔本却是一个历史文化悠久的文化名城。墨尔本拥有全澳大利亚唯一一个被列入联合国“世界文化遗产”的古建筑，有着辉煌的人文历史，也是多个著名国际体育盛事常年举办城市。从文化艺术层面的多元性，到大自然的风光之美，墨尔本是应有尽有。在满足感官娱乐方面，墨尔本更可以说是澳大利亚之冠。无论是艺术、文化、娱乐、美食、购物和商业，它都有自己的特色。墨尔本成功地融合了人文与自然，从1990年到2006年，墨尔本先后十次被总部设在华盛顿的国际人口行动组织（Population Action International）评选为“世界上最适合人类居住的城市”。

1835年以前，墨尔本基本上是没有人居住的。1840年时，墨尔本的人口才勉强达到10000人。1851年，在墨尔本发现了金矿，于是大量的人口从世界各地（主要为英国人），包括大量的华工，前来墨尔本淘金。由于淘金热潮的出现，墨尔本的人口迅速增长，并逐渐成为一个富有的大城市。根据历史记载，在1836年，墨尔本的人口才1700人，到了1851年，人口增至29000人，而到了1854年，则已经达到了123000人，4年时间内，人口翻了4番多，使得当时美国的旧金山都黯然失色。所以墨尔本又被华人称为“新金山”。时至今日,墨尔本当地还有许多华人兴办的学校、商店、公司等的名称还是带有“新金山”这个称号的。清朝末年,外交官李圭在他的《东行日记》中就提到了在中国以外的两个海外华人聚居城市,也就是“两个金山”(旧金山与墨尔本),并称要“以新旧别之”,“新金山”这个名称至少已有一个半世纪的历史了。

墨尔本这个城市曾经有过好几个名称。1842 年 8 月 12 日,墨尔本正式被英国殖民者确立为一个镇。1847 年 6 月 25 日,当时英国的维多利亚女王发表诏书,宣告墨尔本市(City of Melbourne)成立,其后成为刚设立的维多利亚州的首府。墨尔本这个名称,是为了纪念英国首相威廉·兰姆——第二代墨尔本子爵。

墨尔本是一座移民聚居的城市。来到澳大利亚的移民大部分都前往墨尔本和悉尼两座城市。现在每年大约有 10 万名(国家配额的指标)移民抵达澳大利亚,其中的三分之一在墨尔本定居。移民在墨尔本开始了他们的新生活,但同时也带来了他们各自民族的传统与习俗。在墨尔本,有超过三分之一的居民为出生于澳大利亚之外的移民,所以在墨尔本使用的语言超过了 180 种之多。墨尔本有来自全世界 233 个国家和地区的移民,116 种不同的宗教信仰。除了主要语言是英语外,希腊语、意大利语、法语、西班牙语、中文、越南语、韩语、黎巴嫩语等多种语言也都同时在使用。在墨尔本,居民平常收到的政府部门和公用服务部门的信函上,除了英文之外,还用 16 种常用的非英语语言列出传译服务电话,方便不熟悉英语居民和政府沟通。不同族群的人们喜欢聚居在一起,在生活习惯、节庆、餐饮上各成不同的风格,为墨尔本的多元文化带来了不少情趣。

1901 年至 1927 年,墨尔本曾经是澳大利亚的首都,期间长达 26 年之久。1901 年,澳大利亚联邦成立后,澳大利亚的首都定在了墨尔本。在当时,墨尔本比悉尼要繁华。随着悉尼的发展,悉尼的市民也十分希望悉尼能成为澳大利亚的首都,因此,两个城市之间展开了首都争夺之战。澳大利亚政府经过权衡后,决定在悉尼与墨尔本之间建造一个新的城市堪培拉，将它作为澳大利亚的新首都。1927 年，澳大利亚联邦政府正式迁都堪培拉。有意思的是，新首都堪培拉并非位于悉尼和墨尔本之间的正中央，它距离悉尼约 4 个小时的车程，距离墨尔本却有 7 个小时的车程。堪培拉是一个全新规划的城市，设计得非常漂亮。由于墨尔本曾经是澳大利亚的首都，尽管后来首都迁往堪培拉，但是墨尔本仍然有许多历史建筑，如从前的国会大厦、最高法院等。

与悉尼不一样，墨尔本是澳大利亚的工业重镇，工业十分发达，重型机械、纺织、造纸、电子、化工、金属加工、汽车、服装、食品等行业都很兴旺。墨尔本也有着现代化的繁忙的港口——墨尔本港。墨尔本的商业、金融业、交通业等也相当不错。墨尔本市中心的哥林斯大街（Collins Street）是著名的金融街，澳大利亚许多银行的总部都设在这里。这条街上还有澳大利亚股票交易所，许多保险公司和金融投资公司都在此设立总部或者办事处。

墨尔本是全澳洲乃至亚太地区的经济与商业中心城市之一。多家澳大利亚大型公司的总部设在墨尔本中央商务区以及莫拉什大学的周边。包括澳大利亚四大银行中的澳纽银行、澳大利亚国民银行；全球矿业巨头力拓集团和必和必拓，Medibank 私人保险，电信行业巨头 Telstra，零售行业巨头 Coles 超级市场，百货行业巨头迈尔，汽车业巨头霍顿（澳大利亚的汽车只有这一个品牌——霍顿，HOLDEN，其标志和图案为一只狮子滚球的红色圆形浮雕），电子零售业巨头 JB HI - FI 等。许多全球跨国公司的亚太总部也设在澳大利亚。墨尔本也是全球生物科技的中心城市之一和澳大利亚的科技中心，澳大利亚以及全球大多数生命科学、电子、高科技、能源总部或是澳纽总部都位于墨尔本的莫纳什大学周边地区，该地区被称为是“澳大利亚的硅谷”。

墨尔本的皇冠赌场不仅是澳大利亚最豪华最大的赌场，也是南半球最大的赌场。它于 1994 年正式开业，位于亚拉河的南岸。为了减轻赌博的色彩，该赌场的官方名称为“皇冠娱乐中心”。其中包括五星级的皇冠酒店,大型国际会议中心等设施,更是拥有一系列全方位的娱乐休闲设施,包括备有博彩角子机的24小时赌场、名牌汇聚的多家大型商店、14家电影院、多家餐厅与酒吧、健康美容等。还有一个可容纳2000多名观众的表演中心。近年来,有不少港台明星到澳大利亚演出,都是在这里的表演中心进行的。

墨尔本共有各类大学11所,其中大学7所,大学分校2所,职业技术学院2所。在这些大学中,著名的有墨尔本大学、莫纳什大学和墨尔本皇家理工大学等。

1. 墨尔本大学。墨尔本大学(The University of Melbourne)始建于1853年,2013年是它建校160周年大庆。墨尔本大学是澳大利亚历史第二悠久的大学,仅比悉尼大学晚建校3年,是维多利亚州最古老的大学。它是澳大利亚6所砂岩学府(Sandstone University)之一,是澳大利亚8大名校(Group of Eight)的核心盟校成员,也是Universitas21的创始会员和秘书处所在地。墨尔本大学同时还是国际著名研究型大学联盟组织环太平洋大学联盟(APRU)、亚太国际贸易教育暨研究联盟(PACIBER)的成员大学之一。墨尔本大学在泰晤士2012年全球大学排名中位居第28位,在2012年QS世界大学排名中居第36位。

墨尔本大学在教育中强调学生不但要在学术造诣上,而且也要求学生在人格修养上都要全面发展,提倡培养学生的综合能力,创造了独特的“墨尔本经验”。在它160年的办学历史中,不但培养出了3位诺贝尔奖得主:弗兰克·麦克法兰·伯内特爵士(Sir Frank Macfarlane Burent, 1899—1985年),病毒学和免疫学家,1960年诺贝尔生理学或医学奖得主;约翰·卡鲁·埃克尔斯爵士(Sir John Carew Eccles,1903—1997),神经生理学家,1963年诺贝尔生理学或医学奖得主;伊丽莎白·海伦·布莱克本(Elizabeth Helen Blackburn,1948—),女,分子生物学家,2009年诺贝尔生理学或医学奖得主。而且还培养出了多位政治家:澳大利亚第23任总督(2001—2003)彼得·约翰·霍林沃思(Peter John Hollingworth,

1935—),2003 年 5 月 25 日,霍林沃思因涉嫌 40 年前的一桩强奸案而宣布辞职,是为澳大利亚历史上首次(1903 年以来)也是唯一一位宣布辞职的总督;澳大利亚第 2 任总理(1903—1904),保护主义党人,推行"澳大利亚联邦化"的领袖艾尔弗雷德·迪金(Alfred Deakin);澳大利亚第 12 任总理(1939—1941),联合澳大利亚党人罗伯特·戈登·孟席斯(Robert Menzies),孟席斯后来于 1949—1966 年以自由党人的身份再度担任澳大利亚长达 17 年之久的总理;澳大利亚第 17 任总理(1966—1967),自由党人哈罗德·霍尔特(Harold Holt);澳大利亚第 27 任总理(2010—2013),澳大利亚历史上首位女性总理及工党女性党魁茱莉娅·艾琳·吉拉德(Julia Eileen Gillard,2010 年 6 月—2013 年 6 月在任)。此外,还培养了诸多澳大利亚维多利亚州的总督、州长和无数个大法官以及商界领袖与学者。其中值得一提的是毕业于墨尔本大学的华人苏震西(1946—),原籍广东顺德,1963 年随父移居澳大利亚,2001—2008 年连续两次担任墨尔本市市长,是为澳大利亚首位华人市长,于 2006 年被评为全球最佳市长。

墨尔本大学的校徽,是以蓝色盾为底,上面有着洁白的胜利女神手持桂冠,由四颗八角星(象征南十字星座)所环绕。校训为拉丁文"*Postera crescam laude*",它出自古罗马著名诗人贺拉斯(Quintus Horatius Flaccus,前 65 年至前 8 年)。英文翻译为:"We shall grow in the esteem of future generations"(我们将在后代的敬重中成长)。

墨尔本大学最早是由维多利亚州审计长及财务部长修·切尔斯德(Hugh Childers)在 1852 年 11 月 4 日的州议会预算演讲时提出建立的,他个人则为这所大学的建立投资了 1 万英镑。1853 年 1 月 22 日,墨尔本大学正式立法成立,并被立法授权可以授予学生文学、医学、法学和音乐学的学位。1854 年 7 月 3 号,第一块奠基石落下。1855 年,墨尔本大学正式开始开学,当时仅有 3 名教授和 6 名学生,最终有 4 名学生顺利毕业。1857 年,法学院成立;1860 年,工程学院和医学院成立。这 3 个学院成为墨尔本大学扬名世界的中坚力量。1881 年,墨尔本大学接受了第一名女学生,因此它也就成为当时世界上为数不多的接受女大学生的大学。

墨尔本大学现有学生 46000 多人,教职员工 7300 余名。墨尔本大学继承了欧洲学院制学府的传统,下设 14 个学院与 1 家研究所:建筑暨城市规划学院(Faculty of Architecture Building and Planning);文学院(Faculty of Arts);经济暨商学院(Faculty of Economics and Commerce);教育学院(Faculty of Education);工学院(Faculty of Engineering);土地暨食物资源学院(Faculty of Land and Food Resources);法学院(Faculty of Law);医学院(Faculty of Medicine, Dentistry and Sciences);墨尔本商学院(Melbourne Business School,简称"MBS");音乐学院(Faculty of Music);理学院(Faculty of Science);兽医学院(Faculty of Veterinary Science);维多利亚艺术学院(Victorian College of the Arts,简称"VCA");企业学院(School of Enterprise);研究所(School of Graduate Studies,简称"SGS")。此外还有奥蒙德学院(Ormond College)、三圣学院(Trinity College)、大学学院(University College)、女王学院(Queen's College)、珍妮特·克拉克学院(Janet Clarke Hall)等十余家附属学院和南岸、霍桑、伯恩利、韦里比、谢珀顿、克莱斯韦克、杜奇等 7 个分校。

2. 莫纳什大学。莫纳什大学(Monash University)是澳大利亚规模最大的国立大学之一,也是澳大利亚八大名校之一,澳大利亚五星级大学,在全球大学排名中进入前 50 位。莫纳什大学也是一所国际性大学,在墨尔本有 6 个校区,在南非和马来西亚还设有海外分校,在全球各地共设有各种研究中心 75 个。

莫纳什大学下设十大学院:艺术与设计学院;文学院;商学与经济学院;工程学院;医学、护理与健康院;教育学院;信息技术学院;法学院;制药学院;理学院。

莫纳什大学创办于 1961 年,是维多利亚州的第一所大学,当时是为了纪念杰出的澳大利亚军人、学者兼工程师约翰·莫纳什爵士,所以大学以他的名字来命名。莫纳什大学现有教职员工7400多人,学生50000多名,其中国际留学生15000多名,他们分别来自于全世界100多个国家和地区。

约翰·莫纳什(John Monash,1865—1931),澳大利亚土木工程师、杰出的军事将领,因在第一次世界大战中在法国指挥澳新军团作战而闻名。莫纳什为犹太人,毕业于墨尔本大学工程学院。1913年,它在澳洲军队中升为上校,编写和出版了《军队训练手册》。1914年,第一次世界大战爆发,澳大利亚和新西兰组成澳新军团参战。1915年,莫纳什率领澳新军团第四步兵团参加了著名的加里波利战役。1916年,已经晋升为少将的莫纳什率领澳新军团新编第二师前往法国作战。1917年,晋升为中将,指挥澳新军团作战。1918年7月4日,作为英国第四集团军的一部分,莫纳什将军以他独特的战术指挥澳新军团在哈梅尔山战役中一举攻克德军防线,为英国陆军元帅道格拉斯·黑格爵士(Douglas Haig,1861—1928)指挥的亚眠战役铺平了道路。亚珉战役结束后,莫纳什在战场上被英国国王乔治五世(George V,1865—1936,1910—1936年在位)册封为爵士。此后,莫纳什将军指挥的澳新军团在法国战场上所向披靡,作为协约国盟军的先头部队取得了一系列的胜利。一战结束后,他以上将军衔退役回归平民生活,投身于墨尔本的建设之中。1920年,他出版了《1918年澳新军团的胜利》一书。1931年,他因病逝世,墨尔本25万居民参加了他的国葬仪式。为了纪念这位战士、工程师和学者,墨尔本人民在1958年提议设立莫纳什大学。至今,澳大利亚人民对本国历史上这位光辉人物仍然充满了敬意。

3. 皇家墨尔本理工大学。皇家墨尔本理工大学(Royal Melbourne Institute of Technology University,简称"RMIT University"),是澳大利亚的一所综合性公立大学,在澳大利亚的高校中排名第10位,在全世界高校中排名第223位。

皇家墨尔本理工大学的前身是1887年由佛朗西斯·欧蒙德(Francis

Ormonod)创立的“工人学院”(Working Men's College),当时主要是为了培养职业技术人才。1960年,学校更名为“墨尔本皇家理工学院”(Royal Melbourne Institute of Technology)。1992年,艾米莉·麦佛森学院(Emily Mapherson College)和菲力普技术学院(The Phillip Institute of Technology)相继并入墨尔本皇家理工学院,因此它升格为一所可以颁发学位的、以工科为主的综合性大学,正式改名为“皇家墨尔本理工大学”。而在此之前,在墨尔本市的大学中,大学的学位只有墨尔本大学才有资格授予(由学士、硕士到博士)。1993年,墨尔本装饰与设计学院(Melbourne College of Decoration and Design)、1995年,墨尔本印刷与图形艺术学院(Melbourne College of printing and Graphic Arts)也都相继前后并入到皇家墨尔本理工大学。不仅如此,到了1999年,墨尔本纺织学会(Melbourne Institute of Textiles)也并入到皇家墨尔本理工大学。因此,皇家墨尔本理工大学是澳大利亚合并学校最多的大学。2005年,皇家墨尔本理工大学在越南的胡志明市建立分校,影响扩展到了东南亚地区。据说,中国香港和台湾地区的学生喜欢到该校留学,也为港台地区培养了相当多的艺人,如香港著名歌唱演员钟欣桐(阿娇)即是。

皇家墨尔本理工大学下面所设置的学院主要集中在科学、工程与技术,工商,设计与社会等3大领域中,共有25个学院、研究所和中心,它们分别是:航空航天、机械与制造工程学院(Aerospace, mechanical and manufacturing Engineering);应用科学学院(Applied Sciences);民事、环保、化工学院(Civil, Environmental and Chemical Engineering);计算机科学和信息技术学院(Computer Sciences and Information Technology);电气工程学院(Electrical and Computer Engineering);健康科学学院(Health Sciences);基础设施、电子技术和楼宇服务学院(Infrastructure, Electro technology and Building services);生命与物理科学学院(Life and Physical Sciences);数学、地球科学学院(Mathematical and Geospatial services);药学科学学院(Medical services);会计与法律学院(Accounting and Law);商务信息技术

学院(Business Information Technology);商务进修学院(Business TAFE School);经济学、金融、市场营销学院(Economics, Finance and Marketing);商学研究所(Graduate School of Business);管理学学院(Management);通讯应用学院(Applied Communication);建筑与设计学院(Architecture and Design);艺术学院(Art);创意媒体学院(Creative Media);设计(进修)学院(Design TAFE);教育学院(Education);服装及纺织品学院(Fashion and Textiles);国际图形技术中心(International Centre of Graphic Technology);地产、建设、项目管理学院(Property, Construction and Project Management)。

4. 迪肯大学。迪肯大学(Deakin University),又翻译成"迪金大学",是澳大利亚的顶尖大学之一,曾多次被澳大利亚评为各种优秀荣誉。根据澳大利亚联邦政府大学委员会在1973年12月14日的报告,建议在维多利亚州的吉朗地区建立一所大学。1974年,"迪肯大学法案"获得议会通过。校名以澳大利亚第二任总理艾尔弗雷德·迪肯(Alfred Deakin, 1903年9月—1904年4月在任)命名。最初,迪肯大学只有吉朗一个校区。到了20世纪80年代,由于澳大利亚联邦的教育改革,迪肯大学先后与华南布尔高等教育学院,以及维多利亚学院的大部分合并,扩大了办学规模。2006年4月8日,时任澳大利亚联邦总理的约翰·霍华德(John Howard,1996年3月—2007年12月在任)宣布,将在迪肯大学设立医学院。2008年5月1日,迪肯大学医学院正式成立,它是维多利亚州的第三所医学院。

迪肯大学在墨尔本等地拥有6个校区,现有学生70000余人,其中海外留学生3000余人。下设有8个学院:商学院;文学院;法学院;健康及行为科学学院;技术科学学院;生物化学学院;计算机科学学院;医学院。

5. 拉筹伯大学。拉筹伯大学(La Trobe University)是澳大利亚最大的、发展最快的、由政府出资兴办的大学之一。拉筹伯大学始建于1964年,是澳大利亚十佳大学之一,也是世界100所最佳大学之一。它在澳大利亚墨尔本等地共有 6 个校区,总部在墨尔本。目前,拉筹伯大学共有学生 28000 多人,其中国际留学生为 3500 多人,教职员工 3400 余人。拉筹伯大学是以英国任命的澳大利亚维多利亚州第一任总督查尔斯·约瑟夫·拉筹伯来命名的。拉筹伯大学下设 5 大院系:教育系;健康科学系;人类和社会学系;法律和管理系;科技和工程系。

拉筹伯大学的国际网络教育和海外课程已经延伸到了中国(含香港)、日本、法国、马来西亚、蒙古、新西兰、新加坡、越南等国家,与世界 260 多所著名大学建立了科研和交流合作。在中国,拉筹伯大学与北京大学、华东师范大学、四川大学等在文科、教育、商学、工程和医学等学科进行着广泛的合作。

6. 斯威本国立科技大学。斯威本科技大学(Swinburne University of Technology)是澳大利亚一所国立的综合性大学,它建校于 1908 年,距今已有 100 多年的历史。斯威本科技大学是澳大利亚唯一一所应邀成为欧洲创新大学联合会(ECIU)成员的大学,也是澳大利亚一所设有 TAFE 学院(职业技术教育)的大学。在澳大利亚,斯威本科技大学属于是五星级大学,在世界各国高校中,斯威本科技大学是世界前 500 强大学。

斯威本科技大学共有 8 个校区,其中 7 个在墨尔本,另外在马来西亚建立了砂拉越校区。学校的高等教育院系包括:商业管理学院、设计学院、工程学院、信息传播技术学院、社会科学学院、数学学院、斯文本管理学院、脑科研究学院、天体物理学和计算机中心、超速分光镜中心、工业研究学院、社会研究学院、计算机人类互作用实验室等。职业技术教育包括艺术管理设计学院、商学院、工程学院、社会学院等。学校的文凭发放包括从职业技术教育到本科、硕士、博士等所有系列。

7. 维多利亚大学。澳大利亚维多利亚大学(Victoria University Melbourne Australia),又叫作维多利亚大学或者维多利亚科技大学。维多利亚大学成立于 1916 年,起初为一所工艺学校,1968 年升格为维多利亚理工学院。1990 年,澳大利亚维多利亚州议会通过《维多利亚理工大学法案》,合并两所技术学院而升格为大学,由澳大利亚联邦政府和维多利亚州政府联合拨款和管辖。2005 年,正式更名为“维多利亚大学”。

维多利亚大学是澳大利亚规模最大、学科门类最齐全的综合性大学之一,现有在校学生 54000 多人,其中国际留学生 3000 多人。它拥有 100 个博士专业、68 个硕士专业、93 个大学本科专业和 54 个大学专科专业。维多利亚大学在墨尔本市中心及北部拥有 6 个现代化的校园,在澳大利亚属于五星级大学。

维多利亚大学下设 3 大学院:(1)艺术、教育与人文发展学院。下辖传播与艺术学系、教育学系、运动与体操学系、社会与心理学系等 5 个系。(2)商法学院。下辖会计与金融学系、应用经济学系、饭店观光与行销学系、法学系、管理与资讯系统学系等 5 个系,以及维多利亚商学研究所和兹尔曼科文纪念中心。(3)健康、工程与理学院。下辖生物医学与健康科学系、工程学系、护理及助产学系等 3 个系。

在加拿大不列颠哥伦比亚省的首府维多利亚市,也有一所著名的大学叫维多利亚大学(University of Victoria),成立于 1963 年。

8. 中央昆士兰大学墨尔本校区。中央昆士兰大学(Central Queensland University,简称“CQU”)位于澳大利亚昆士兰州,是 1967 年由澳大利亚联邦政府设立并且是大学联邦协会会员之一。中央昆士兰大学在澳大利亚拥有 10 个校区,共有学生 22000 多人,其中国际留学生达到了 5000 多人。中央昆士兰大学下设 5 个学院:商学院;工学院;教育学院;健康学院;文理学院。

墨尔本校区是中央昆士兰大学在澳大利亚的 10 个校区其中之一。它的 10 个校区分别是:罗克汉普顿校区(Rockhampton,中央昆士兰大学的总部所在地)、布里斯班校区(CQU Brisbane,布里斯班是澳大利亚昆士兰州首府)、黄金海岸校区(CQU Gold Coast)、墨尔本校区(CQU Melbourne)、悉尼校区(CQU Sydney)、祖母绿校区(CQU Emerald)、努沙校区(CQU Noosa)、班达伯克校区(CQU Bundaberg)、格莱斯顿校区(CQU

Gladston)、麦凯校区(CQU Mackay)。此外,中央昆士兰大学在中国香港、新加坡、马来西亚等地建有分校。

9. 澳大利亚天主教大学墨尔本校区。澳大利亚天主教大学(Australia Catholic University,简称“ACU”)是澳大利亚杰出的教会大学,也是世界上知名的天主教大学之一,成立于1991年1月1日。学校由澳大利亚东部的4所天主教大专院校(新南威尔士州的悉尼天主教教育学院、维多利亚州的天主教教育研究所、昆士兰州的Mcauley学院、澳大利亚首都直辖区的Signadou教育学院)合并而成,共有8个校区,分布在东部的5个城市(布里斯班2个、悉尼3个、堪培拉1个、巴拉瑞1个、墨尔本1个),是澳大利亚唯一的一所跨州大学。

澳大利亚天主教大学是一所独立的大学,由澳大利亚政府出资,属于澳大利亚国立大学体系,也是英联邦大学协会和天主教大学国际联合会的成员。虽然它忠实于天主教精神,是一所教会大学,但它也向一切有宗教信仰和背景的人们开放,并努力按照基督教精神的原则进行传统精神培养和促进教学和研究。澳大利亚天主教大学在教育和健康科学(护理和应用科学)领域是澳大利亚领先的大学之一。它设有3大学院:商学院、教育学院、护理学院。有资格授予学士、硕士、博士学位。在墨尔本校区开设的专业有:人文社会学、营销学、人类进化学、护理学、宗教学、管理学、教育学、音乐学、社会科学、家庭学等。

10. 霍姆斯格兰理工学院。霍姆斯格兰理工学院(Holemsglen Institute of Technology)位于墨尔本市的东南郊区,相当于我国的高等职业技术学院。它创建于1982年,是澳大利亚最大的公立高等技术学院之一。所提供的所学专业是直接面向就业的热门专业,有的专业课程可以衔接大学的学位课程,从而在完成其高等职业技术文凭课程之后,可以继续深造,用1—2年的时间去争取获得大学学士学位。同时,霍姆斯格兰理工学院还向学生提供高中11、12年级的课程(相当于我国高二、高三的课程)。

11. 堪培门技术学院。堪培门技术学院(Kangan Institute)位于墨尔本的北部,始建于1969年,是一所多学科的政府公立学院。主要提供以行业为导向,全国认可的职业教育和技术培训课程。堪培门技术学院共有6个校区,30000多名在校学生。该学院还与澳大利亚一些著名大学合作,为学生提供直升大学的条件。目前,堪培门技术学院与中国的一些职业技术学院合作甚为密切,如在西安、武汉、长沙、哈尔滨、沈阳、上海、桂林、重庆、成都、昆明、南通等地均有合作。

第二节 墨尔本皇家植物园与库克船长小屋

早晨8点,在塞贝尔和城门阿尔伯特公园酒店吃早餐,食物品种较丰富,餐厅不大,但很安静,很整洁,给人的感觉不错,而且服务员热情,有礼貌。

9点,张导准时带我们前去进行墨尔本的城市考察。

一、墨尔本皇家植物园

上午考察的第一站为墨尔本皇家植物园与领地。

墨尔本皇家植物园(Royal Botanic Gardens Melbourne)位于墨尔本市南亚拉的鸟林大道(Bird wood Avenue),始建于1845年,是澳大利亚最好的植物园之一,也是世界上设计最好的植物园之一。墨尔本皇家植物园汇集了来自全世界各地的12000余类、30000多种植物和花卉。这里有澳大利亚所有原产植物和花卉种类,还培育出了20000余种外来植物。由于墨尔本冬季没有霜冻和冰雪,一年四季如春,犹如我国云南的首府春城昆明一样,所以,几乎热带、亚热带、温带的所有种类的树木都可以在此生长。植物园内的植物标本室设备相当现代化,里面珍藏了150余万种的植物标本。

在墨尔本皇家植物园，有许多名人，包括澳大利亚和世界其他国家的历史名人亲手在此种下的纪念树。比如说：英国著名侦探小说家柯南道尔、澳大利亚维多利亚州总督拉特罗布、英国女王维多利亚的丈夫艾伯特亲王、澳大利亚著名歌剧演员内利·梅巴尔、波兰著名钢琴家帕岱莱夫斯基、英国海军上将杰利科、英国首相麦克米伦、加拿大总理迪芬贝克、英国女王伊丽莎白二世的丈夫爱丁堡公爵、泰国国王普密蓬，等等，都在墨尔本皇家植物园留下了他们的足迹和种植的树木。

在墨尔本皇家植物园，据导游介绍，一定要去看看著名的“分离纪念树”，那是在澳大利亚维多利亚州历史上具有重要意义的一棵神奇的桉树。1851 年，在澳大利亚的维多利亚发现了金矿，吸引了世界上大批的移民来到这里“淘金”，维多利亚，尤其是墨尔本的人口开始急剧膨胀，城市迅速发展起来，其势头超过了美国的旧金山，故人们将墨尔本称之为“新金山”。在这种情况下，大英帝国政府批准这个原来属于新南威尔士殖民区的一部分大不列颠领地单独成立新的殖民区。当墨尔本人们得知维多利亚即将脱离新南威尔士殖民区而单独成为一个殖民区的消息后，奔走相告、欢欣鼓舞。为了纪念这一历史性事件，维多利亚殖民区总督在墨尔本皇家植物园种下了这棵桉树。这棵略呈红色的桉树保存至今，它目睹了墨尔本这个城市一个半世纪的发展历史，也见证了这个城市的现代化进程。

桉树是澳大利亚的国树和象征。桉树（Eucalyptus），又名“尤加利树”，是桃金娘科桉属植物的总称。按照植物学家的说法，它起源于白垩纪末年，那么距今的年代在 6000 多万年以前，所以说，桉树是地球上的活化石是不为过的。在目前已知的 700 多个桉树品种中，其原产地绝大多数在澳洲大陆（我国有学者对此提出异议，认为在西藏地区发现有属于距今四五亿年前的晚始新世时期的狭叶桉树化石，比在澳大利亚发现的渐新世纪地层中发现的同类桉树类化石要早 1000 万年左右。当然，这属于学术方面的争论和探讨。），少部分生长于靠近澳大利亚的附近岛国，如新几内亚岛、印度尼西亚、菲律宾群岛等地方。19 世纪下半叶，桉树开始被引种到世界各地。目前有 96 个国家或地区栽培了桉树。

桉树为常绿植物，一年之中有周期性的老叶脱落换新叶和脱树皮的现象。大多数桉树是高大的乔木，它可以长至 100—110 米高，目前世界上最高的桉树长到了 156 米，是为地球上最高的植物。少数的桉树是小乔木，呈灌木丛状态的很少。桉树的树冠形状有尖塔形、多枝形和垂枝形等。单叶，全缘，革质，有时披有一层薄蜡质。叶子可分为幼态叶、中间叶和成熟叶三类，多数品种的桉树的叶子对生，较小，心脏形或阔披针形。桉树属于亚热带植物，喜光，好湿，耐旱，抗热，畏寒，对低温很敏感。

桉树的特点：一是生长快。因为桉树是世界上长得最快的树种，在其生长旺季，1 天就可以长高 3 厘米，一个月可以长高 1 米，一年最高可长 10 米；二是轮伐期短。一般来说，北欧云杉的轮伐期为 70 年，我国马尾松的轮伐期为 25 年，杉树轮伐期为 20 年，而桉树的轮伐期平均为 5 年左右；三是易于栽培。桉树的适应能力强，适宜于密集的经营与高产栽培。世界上各地广为种植桉树，只要品种得当，措施到位，桉树是会高产的；四是病虫害少。由于桉树是外来植物，所以很少有大面积的病虫害发生；五是经济效益好。由于以上的几点原因，使得桉树比一般的树木品种所产生的经济效益要高出许多；六是可用来作园林美化。由于桉树树姿优美，四季常青，生长迅速，有萌芽更新和改善沼泽地的能力，所以适宜作园林绿化。

桉树的用途可谓是多种多样，主要体现在以下几点：一是园林用途。由于它生长迅速、四季常青，抗干旱能力强，所以适宜做行道树、防风防沙林，以及园林绿化树种。又因为桉树叶含有芳香油，有杀菌驱蚊作用，可以提炼香油，因此可以作为医院、疗养院、老年公寓、学校、住宅区以及公共绿地的绿化树种；二是优质木材。桉树木材大多既重又坚硬，其抗腐能力强，可广泛用于建筑、枕木、矿柱、桩木、家具、火柴、农具、电杆、围栏等；三是用于造纸与纸浆。桉树不但纤维长，而且色泽好，密度高，很适应制成纸浆,许多大的造纸厂都用桉树来生产打印纸和牛皮纸。目前,用桉树中的纤维素用来加工成人造丝,已经获得成功;四是炼油。桉树的叶子中一般来说都含有芳香油,桉树中的蓝桉和直杆桉是用来提取桉叶油的主要桉树品种。桉叶油中含桉叶醇,为无色或淡黄色液体,具有刺激性清凉香味,主要用于牙膏、食品及医药等方面。五是日常生活。桉树的树根可以食用,也可以取水,桉树的叶子可以用来做饲料,桉树的树枝则可以用来做燃料;六是医药。桉树主要含桉叶油素、萜烯、异戊叶油、葛缕荷酮、胡椒酮等成分,可以用做治疗口腔、鼻炎、祛痰用,可以制作清凉油、祛风膏等药用原料。

1890 年,桉树由意大利人引入我国。1990 年,我国曾发行了一套纪念桉树引进中国 100 周年的纪念邮票。桉树引进中国之初,国人一直是作为奇花异草之类的观赏植物来栽培的。改革开放之后,1984 年,我国正式与澳大利亚政府开展了桉树引种与丰产栽培技术合作,在广西东门林场先后引进桉树 174 个树种和 200 多个种源,通过品种改良实验,建立了我国第一个桉树基因库。目前,在中国栽培和种植桉树的地区主要是在中国南方,栽种最多的为海南、广东、广西、云南四省区。其他地区也有桉树的种植,如四川、福建、湖南等。

桉树是大自然赠予澳大利亚的礼物,同样也是澳大利亚赠予世界的礼物。澳大利亚的土地是地球上最贫瘠的,低碳、高铁的土壤呈深红色。澳大利亚的气候又十分干旱。但是桉树却能够在这种艰苦的自然环境中顽强地成长。为了生存,澳大利亚桉树在长期的进化过程中,形成了自己的许多特点:为了避开灼热的阳光,减少水分的蒸发,桉树的叶子都是下垂并侧面向阳;为了对付频繁的森林火灾,桉树的营养输送管道都深藏在木质层的深部,种子也包在厚厚的木质外壳里。如果没有桉树这样的“土地卫士”,澳大利亚红色贫瘠的土壤早就被风雨侵蚀干净;如果没有桉树,澳洲生存的众多昆虫、爬行动物、鸟类和有袋类动物将因为没有藏身之处和食物链条而灭绝。澳大利亚的土著居民生活中也离不开桉树。

桉树是储水罐;桉树花是产蜂蜜的工厂;桉树叶子既可以制药还可以制成水果糖;桉树的树干可以制作乐器;随着时代的发展,桉树的用途在现代社会则越来越广阔。因此,可以说,没有桉树,就没有澳大利亚。澳大利亚人民将大自然给予他们的礼物慷慨地献给了全世界。从 19 世纪开始,桉树种子就在地中海沿岸发芽,接着迅速地向非洲、亚洲和美洲发展,成为全人类共同的宝贵财富。

墨尔本皇家植物园与其说是一个人造植物园,倒不如说是一个自然形成的植物园;与其说是一个植物园,倒不如说是一个鸟类公园,是一块湿地公园。在植物园内,除了人工有意种植的树木品种和花卉外,一些自然形成的树木花草基本上保持原样,不加以人工雕琢和修饰。高大的乔木林,蓬荜的灌木丛,飘摇的茅草堆,绿油油的草地,五彩缤纷的各色花朵,一切都整齐有序,合和丛生,共聚一园;植物园中心的天然湿地湖泊,野生的水草,野生的灌木,野生的各种鸟类,它们一会儿在树丛中歌鸣,一会儿在草地上觅食,一会儿在水面上嬉戏,和睦共存,同栖一处。除了路边对行人游客有所妨碍的树枝与杂草被清除外,植物园里的所有树木花草均保持自然生长状态。无论是中心湿地湖泊的各种水鸟,还是栖息在大树上的各种飞鸟,它们完全不惧怕游客和行人,可以向你乞食,也可以让你拍照,与你完全是零距离接触。因为这里是它们的家园,它们的领地,我的地盘我做主!在墨尔本皇家植物园,你可以看到在中国熟悉的、原产地为中国的一些植物,如竹林、橘子树、桃树、李树、杨柳,也可以看到一些原产地在中国的花卉,如牡丹、芍药、兰花、水仙、莲花等,加上中国式的园林风格,你似乎就在中国的某个城市公园,完全忘却了在异国他乡的感觉。

二、库克船长小屋

在墨尔本考察的第二站是库克船长小屋。

库克船长的小屋位于墨尔本市中心的费兹罗公园(Fitzroy Gardens),

费兹罗公园是西方19世纪公园的典型代表,它同时也是墨尔本面积最大的公园。这里常常是澳大利亚新娘新郎拍摄新婚照的重要取景场地。库克船长小屋是一幢真正的小屋,它不但简单、朴实,甚至于还显得粗糙和简陋。房子斜顶铺瓦,石砌墙面,在中国古代建筑史上被称为“硬山式”建筑,暗黑的褐色中透露出了古老的沧桑。1728年,詹姆斯·库克(James Cook,1728—1797)就出生在英国约克郡的这座小屋里。1934年,当时正值墨尔本建市100周年大庆,澳大利亚著名的实业家拉塞尔爵士私人出资800英镑,将库克船长在英国的故居买下,作为礼物送给了墨尔本市民。人们将库克船长的故居小心分拆,将每一块材料都仔细编好目录,装在253个特制的箱子里面,总重量达到150吨。然后由英国用船海运到墨尔本,再按照原样组建而成。

库克船长小屋是一座极为普通的英国式的红砖红瓦的房子,这在英国以及英联邦国家的乡村随处可见。但是,这座小屋却位于与其建筑风格完全不搭界的现代化城市墨尔本的市中心,这不能不说是缘于它的极大的历史价值。因为这座小屋记录了澳大利亚的历史。小屋的主人是英国著名的库克船长,是他第一个发现了澳大利亚并且第一个登上了这片神奇的南方大陆,又是他第一个宣布澳大利亚归属于英国。因此,他被称为澳大利亚的“建国之父”。

小屋的四周是人们精心修剪出来的树灌围墙,小院落中有树也有花草,不但田园风味十足,而且颇有“采菊东篱下,悠然见南山”的感觉。小屋由三部分组成:左面是一平房,中间是二层小楼,右边是一偏房,三位一体,很是普通,没有什么特别的地方,也没有什么与众不同的亮点。二楼的屋脊上靠右边还修有烟囱,供冬天烧壁炉取暖之用。整个小屋建筑面积不大,墙壁上还爬满了绿萝。小屋分为上下两层,楼上是库克船长父母的卧室,楼下有一间会客厅和厨房,还有一间就是库克船长的卧室。卧室的陈设都是按照当年的情形布置,不加任何改变。大门的石梁上仍然刻着库克船长的父亲詹姆斯(JAMES)和母亲格莱斯(GRACE)的姓名中的第一个字母。小屋门口的小径旁,立有库克船长的青铜雕塑像。他头戴三角军帽(他为英国皇家海军上校),身穿紧身衣裤,下着及膝的绑腿和口绊鞋,左手拿着航海图,右手拿着一柄单筒望远镜,深邃的目光正凝望着远方。

詹姆斯·库克是18世纪英国著名的航海家,一生主要从事于海上科学考察。因他年轻时就担任英国皇家海军的船长,所以人们习惯地称呼他为"库克船长"。库克船长曾领导过三次远航探险考察,对澳大利亚、新西兰的海岸进行过详细探测,还对航海图做了精细而准确的标注。这些成就使他在探险和航海史上成为与哥伦布、麦哲伦齐名的人物。

1728年10月,詹姆斯·库克出生在英国约克郡乡村一个农业雇工家庭,小时候只受过启蒙教育。年岁稍长时即开始在商店里做工,后来在港口城市维特伯船上当学徒。在维特伯期间,年轻的库克刻苦自学数学和航海技术,深得船主的赏识,想把他提升为船长,但被库克所拒绝。因为库克的理想是去英国皇家海军当一名水兵。从长远利益来看,在英国皇家海军服役会更有利于他将来的发展。在皇家海军里,库克认真钻研和熟悉航海业务,处理事情果断而准确,因其表现突出而被提升为船长。1763年,库克奉命率领一艘海军帆船去北美钮芬兰勘察海岸,他所绘制的海图相当精确,显示出他已经具备了卓越的海洋勘察和科学考察能力。

库克成长的年代,正是西方探险高潮迭起的年代。1767年,发现了塔希提岛(Tahiti,港台地区称为"大溪地")的沃利斯探险队宣称,他们曾在太平洋上的落日余晖中看见了南边大陆的群山;接着英国著名的空想探险家亚历山大·达尔林普尔又很快计算出了这个大陆的人口为5000万人。这一发现震动了整个欧洲。因为很早以前,甚至在古代希腊时期,所谓的南方大陆问题就一直是欧洲学者们长期讨论的热点问题。有一种理论认为,北半球大陆较多,因此从平衡角度来看,南半球也应该有一块大陆,否则地球就会失去均衡。另一种理论认为,以南极为中心的地区,还有一块更大的土地。所以当时的一些人认为,所谓的南方大陆就是当时已经发现的澳大利亚、塔斯马尼亚与新西兰的综合体。英国政府对此则表示了极大的兴趣,想赶在欧洲其他国家之前抢先发现和占领这块大陆,以扩大大英帝国的殖民地版图。

据当时天文学家的推测,1769 年 6 月 3 日,金星将在地球和太阳之间飞过。英国皇家学会决定在全球三个地方对这一天文现象进行观察。这三个观察点分别是北欧的挪威、北美的哈得逊湾和南太平洋岛屿。库克被任命为南太平洋岛屿观测点的负责人,担任“奋进”号考察船船长。与他同行的还有 11 名科学家以及海员。当时的观测点确定在南太平洋的塔希提岛。在出航前,库克收到英国政府给他的一封密函,告诉他信中有布置给他的新的任务,但必须是在天文观测活动结束后才能拆开。

1769 年 4 月,“奋进”号到达了南太平洋的塔希提岛抛锚待命。6 月 3 日,随行的科学家们开始对金星凌日现象进行观测。观测完毕后,库克按照规定准时拆开密函。大英政府的密令是:库克率领的考察队应该“继续向南航行”,直到南纬 40 度地带,目的是寻找传说中的“南方大陆”。如果没有发现南方大陆,则向西航行,寻找位于南纬 40 度到 35 度之间以前没有发现的土地,或者前往“现在称为‘新西兰’的东部地区”。

1769 年 9 月,在到达南纬 40 度海域后,库克没有发现人们想象中的“南方大陆”。于是他就按照命令前往新西兰。在这里,他花了半年时间对新西兰的北岛和南岛进行了环岛航行,并绘制了精确的海图。1770 年 4 月,库克离开新西兰,向西前去寻找新的土地。在航行途中,“奋进”号在大堡礁不幸触礁,险些沉没。8 月 21 日,库克船长看到了澳大利亚东北海岬的顶端,库克就以他家乡的名字命名为“约克角”。再向西经过一条海峡,他又以他的考察船的名字命名为“奋进海峡”。第二天,库克宣布澳大利亚东部是英国领土,并称之为“新南威尔士”。1771 年 7 月,“奋进”号绕过南非好望角,回到了英国。由于这次远航的成功,库克被提升为海军中校。

库克回国后不久,英国政府又在筹划组织第二次官方考察,以便最终确定“南方大陆”的是否存在。库克船长再一次被选为考察队的负责人，带领一支船队的两艘帆船“坚定”号和“冒险”号去远航。库克船长决定这次要沿着靠近南极的高纬度地区进行一次环球航行。1772 年夏天，库克率领船队来到一望无际的南太平洋上。1773 年 1 月，船队驶入南极圈。但是，前进的航道被冰山阻隔，不得不后退而向北航行。在行驶途中，“冒险”号帆船因掉队而返回了英国，“坚定”号则在库克船长的指挥下再度南下，一路上只有茫茫的冰川雪原。通过这次探察，库克明确宣布，所谓的“南方大陆”纯属传闻。然后他开始往北返航。1775 年 7 月，库克船长回到了英国，晋升为海军上校。在这次长达 3 年之久的远航中，库克船长还取得了一项惊人的成就，那就是控制住了远洋水手最容易得的坏血病。坏血病在历史上对航海海员的危害性极大，曾经夺取了无数优秀水手的生命。库克在考察和远航中发现，如果注意在航海水手的饮食中增加一些柑橘果汁、泡菜、果酱，那么就能防止坏血病的发生和流行。尤其是泡菜，它是库克船长确认的预防坏血病的特殊食品，因此下令厨师每天要在餐桌上放上泡菜，让大家多吃。因此，在库克的这次远航中，没有一位海员患上坏血病。

在英国休整了几个月后，库克船长又决定要继续出海远航，因为还有一个问题没有解决，那就是是否存在一条通往东方的西北航线。1778 年夏天，库克船长再次率领“坚定”号远航，同行的还有另外一艘考察船“发现”号。库克的计划是向西去寻找“西北航线”。1779 年 1 月，库克发现了夏威夷群岛。然后继续向北航行，对亚洲和美洲之间的白令海峡做了考察。由于到处是冰原，船只难以通过，库克决定南下去详细考察新发现的夏威夷群岛。当“坚定”号抵达夏威夷群岛的克拉克湾时，当地土著居民将库克船长当作天神看待，对他毕恭毕敬，热情招待，送上了无数的礼物。英国人在这里一住就是几个星期，这样就造成了当地居民的食物短缺，双方的关系因为争夺食物而发生紧张。于是，在 1779 年 2 月 4 日，库克船长下令开船，准备离开夏威夷群岛。但是，航行没多远，“坚定”号帆船受损,不得不返回夏威夷。这次意外事故,使得当地土著居民对英国人产生了怀疑和警惕。2月14日,一位土著部落酋长突然去世,岛上的土著居民认为是被英国人害死的,于是群情激愤。在混乱冲突中,站在海岸边的库克船长被土著居民从背后刺中,倒地身亡。几天后,库克船队的英国水手们开始进行疯狂的报复行动,该岛的土著居民几乎被杀尽赶绝。

库克死后,先是克拉克,后来是戈尔与詹姆斯·金恩二人率领船队,放弃了继续探索西北航道的计划,决定返回英国。一路经过日本、福尔摩沙(台湾岛)、担杆列岛(在珠江口外,位于香港东南)、澳门和中国南海,然后穿过印度洋,经好望角驶入大西洋,于1780年10月7日返回英国。英国国王乔治三世(George Ⅲ,1738—1820)曾打算在库克船长返回英国后,向他授予世袭男爵爵位,但因库克的去世而未能实现。但是,英国王室仍然向库克船长的遗孀伊丽莎白给予一笔可观的奖金,以作为慰问。1785年,为表彰库克船长的卓越贡献,英国国王乔治三世向库克的妻子伊丽莎白颁发一枚纹章,供库克船长的家族成员世袭使用。伊丽莎白一直活到了1835年,以93岁的高龄逝世,而这一年,库克船长已经逝世了56年。

库克船长的三次航行,几乎考察了太平洋上所有的重要岛屿,他对所到之处都做了详细的记录,留下了内容详尽的航海日志,有着重要的科学价值。另外,他的远航对英国扩张殖民地有着重大影响。在他发现澳大利亚后,英国政府就宣布将这里作为犯人流放地,成为英国的领土。大英帝国的扩大有时就是随着库克船长航行的踪迹而向四处延伸的。

在费兹罗公园,我们发现公园里靠近公路旁的大树的树干上均用白铁皮包上。我们原以为是为了防止鼠害虫灾之类伤害树木,后来经打听才知道那是在保护动物。因为到了晚上,澳大利亚的一些小动物喜欢从树上下来到处跑,一方面让它们上下树困难,另一方面晚上汽车的灯光照射在树干的白铁皮上会反光,一来提醒司机注意动物的出没和跑动,二来使小动物感到害怕而不至于到处乱蹿。

第三节 圣派翠克大教堂与圣保罗大教堂

墨尔本城市考察的第三站是两个著名教堂的考察，一是圣派翠克大教堂，二是圣保罗大教堂，主要是考察它的建筑风格与宗教习俗、文化底蕴。

一、圣派翠克大教堂

圣派翠克大教堂(St. Patrick Church)位于墨尔本圣派翠克公园旁边，是为纪念英国“爱尔兰使徒”圣派翠克(St. Patrick)而修建。圣派翠克(385—461)是公元4世纪时爱尔兰的基督教传教士与主教，在英国基督教历史上有着“爱尔兰使徒”的誉称。他生于苏格兰，少年时代被俘虏到了爱尔兰，为人牧羊。获得自由后，加入基督教会修道，成为圣职人员，后来被选为爱尔兰主教区主教，在爱尔兰传播福音，奠定了爱尔兰地区天主教会的信仰基础。圣派翠克是爱尔兰的主保圣人，在英国国旗中，白底红×形状的圣派翠克十字就是代表圣派翠克本人。而他的诞辰日3月17日，则在英国以及英联邦国家中形成了“圣派翠克节”。在世界各地，凡是有爱尔兰人后裔的国家都会有庆祝活动，澳大利亚即是如此。

圣派翠克大教堂是墨尔本市区最具代表性的哥特式建筑之一，大部分用青石建成，是欧洲文艺复兴时期华丽建筑风格的完美表现。它的高大在南半球的天主教堂中排列第一。圣派翠克大教堂的设计者是著名建筑师威廉·华尔德(William Wardell)。教堂上方拥有三座高耸式尖塔，直刺天穹，具有宏伟醒目、线条分明、装潢华丽但不失庄严的特点。教堂建筑精致的程度，有时令人难以置信。其内部有细致的彩绘玻璃窗，各种精美的雕塑与壁画，巧夺天工的各种装饰，都显示出它的高贵与华丽。圣派翠克大教堂也是墨尔本市民的信仰中心，与市民的生活息息相关。举凡婚丧喜庆活动都与这座教堂分不开，平日里则是市民休闲散步的极佳去处，也是墨尔本观光游客的重要参观景点之一。

圣派翠克大教堂修建的历史较长，它设计于1863年，建成于1897年10月，而教堂的三座尖塔直到1939年才最后完成，用于纪念天主教会在澳大利亚维多利亚州设立100周年。圣派翠克大教堂的尖塔通高为103米，远看有刺破苍穹之感，通过教堂，使人与天堂的距离拉近；同时，也使基督的子民感到上帝的高高在上，使人产生敬畏之情。

除了澳大利亚墨尔本的圣派翠克大教堂外，世界上著名的还有爱尔兰首都都柏林的圣派翠克大教堂、美国纽约的圣派翠克大教堂等。

二、圣保罗大教堂

墨尔本圣保罗大教堂（St. Paul Cathedral）位于墨尔本最重要的南北交通干道上的史旺斯顿大街，附近有着许多著名的公共建筑，如联邦广场等。该教堂也是哥特式建筑，建于1931年，通高96米。因我们参观这一天是澳大利亚和新西兰著名的“澳新军团日”，在史旺斯顿大街举行游行庆祝活动，教堂不开放，我们无法进去一睹芳容。在教堂外面树立着澳大利亚早期殖民探险家马修·福林德（Matthew Flinder）的雕像，是由墨尔本著名雕塑家吉本（Charles Webster Gillbert）所贡献的作品。

圣保罗大教堂是为了纪念基督教圣徒保罗（St. Paulus，公元前4—公元64年）而修建。保罗又翻译为“扫罗”，出生于小亚西里西的塔瑟斯（今属土耳其）。保罗虽然是罗马公民，但他具有犹太人血统，年轻时学过希伯来文，受过正规而完整的犹太教育。他在耶路撒冷杰出的犹太教拉比迦马列的指导下专心苦读犹太教经典。保罗比耶稣年轻一些，两人当时同在耶路撒冷，但是两人是否见过面或者熟悉，是我们现代人们所无法得知的。耶稣升天后，早期的基督教徒因为被看成是异教徒而遭到迫害，保罗曾积极地参与了这种迫害活动。在一次去大马士革的旅途中，耶稣在天空的异象中与他交谈，从此改变了他的宗教信仰。这是他一生中最重要的转折点。他从一度是基督教的反对者和迫害者摇身变为基督教的最强有力、最有影响的支持者。从某种意义上来说,如果说,基督教学说的创立者是耶稣的话,那么,基督教的教会、教义、教规的实际创立者则应该是保罗。他是真正意义上的基督教会首位教皇。

保罗受到耶稣的启示后,就基督教的问题进行了思索和写作,并积极地为这个新的宗教召集信徒。他在广泛的传教活动期间,游历了小亚、希腊、叙利亚和巴勒斯坦地区。但是,他在对犹太人的传教活动遭到犹太教的反对,进行得并不顺利,而且他的传教活动还引起了犹太人的极大反感和仇视,保罗的生命也多次受到威胁。然而,在另一方面,保罗在对非犹太人的传教活动却取得了极大的成功,人们说他是"非犹太人的使徒"。在基督教的历史上,没有任何人在传播基督教的过程中的作用能超过保罗,就连耶稣的著名"十二使徒"(耶稣的十二位弟子),也只能远远地望其项背。

耶稣的十二使徒分别是:1. 彼得(Peter),被认为是基督教历史上首位教皇,6 月 29 日为其瞻礼日;2. 安德烈(Andrew),彼得之弟,10 月 30 日为其瞻礼日;3. 雅各(James),又称西庇太的儿子雅各,或者大雅各,7 月 25 日为其瞻礼日;4. 约翰(John),西庇太的儿子,大雅各的弟弟,12 月 27 日为其瞻礼日;5. 腓力(Philip),5 月 1 日为其瞻礼日;6. 巴多罗买(Bartholomaw),8 月 24 日为其瞻礼日;7. 多马(Thomas),12 月 21 日为其瞻礼日;8. 马太(Mathew,又名利未,Levi),9 月 21 日为其瞻礼日;9. 雅各(James),亚勒腓的儿子,又叫小雅各,5 月 1 日为其瞻礼日;10. 达太(Thaddaeus),亚勒腓的儿子,小雅各的弟弟,10 月 28 日为其瞻礼日;11. 西门(Simon),10 月 28 日为其瞻礼日;12. 犹大(Judaslscariot),又称加略人犹大,出卖耶稣的叛徒。耶稣受难后,犹大追悔莫及,为了赎罪而自缢身亡。犹大死后,门徒们又补选马提亚(Matthia)为耶稣的第十二使徒,以代替加略人犹大之位。

更为重要的是,保罗成功地将基督教传入了罗马帝国的中心罗马城。

公元64年,罗马城发生大火,烧毁了四分之三的街区,人们认为是古罗马著名暴君尼禄(Nero Claudius Drusus Germanicu,37—68)所为,而尼禄则将纵火的罪名强加在基督教徒身上。保罗在传教回到耶路撒冷后被逮捕,最后送到罗马接受审判,最终被处于死刑,与耶稣一样被钉死在十字架上。

保罗对基督教的重要影响主要有四个方面:一是他作为传教士所获得的巨大成功,成为后来传教士们传播福音的一种范式;二是他的著作构成了基督教《新约》的一个重要的组成部分,他的语录与思想成为基督教的圣经;三是他在发展基督教神学体系中所起到的重要作用;四是他建立起了基督教最初的教会组织体系。在基督教《新约全书》中的27部书中,至少有14部被确认是保罗的著作,占《新约全书》的一半多。保罗对基督教神学的影响是不可估量的。他的思想主要包括以下几个观点:一是认为耶稣不仅是一位开明的人类先知,而且实际上是一位神明,是上帝的儿子;二是认为耶稣是由于我们人类犯了原罪而捐躯献身,他的受难挽救了我们的生命;三是认为我们不能通过按照《圣经》上的训谕去机械地办事而得到解救,而只能通过接受耶稣而得到解救。反过来说,如果一个人接受了耶稣,他的罪行就会得到上帝的宽恕;四是提出了“原罪说”,即人类的祖先亚当和夏娃犯有罪行,被上帝从伊甸园驱除出来,人们从一出生就带有这种由人类祖先遗传下来的罪行,即“原罪”。

基督教由一种犹太教教派转变成为一种世界性的宗教,保罗在其中所起到的作用要比其他任何人的都要大。自保罗时代以来的所有这些世纪中,他的耶稣神性和唯有信仰耶稣才能获得解救罪恶的中心思想一直是基督教思想的基础。后来基督教所有的神学家,包括著名的教父、学者、改革家以及新的教派,如奥古斯丁(Aurelius Augustins,354—430)、托马斯·阿奎那(Thomas Aquinas,1225—1274)、马丁·路德(Martin Luther,1483—1546)、约翰·加尔文(John Calvin,1509—1564)等在内,都深受他的影响。实际上保罗宗教思想的影响是如此之大,以至于相当多的学者认为应该把保罗而不是把耶稣看成是基督教的主要创教者。不管怎样说,在基督教的历史上,保罗的影响即使不能与耶稣等同,但也远远大于任何其他的基督教思想家和传教士们。正因为如此,在西方基督教国家,我们到处可以看到以保罗命名的城市和街道、教堂、医院、学校,只要是有基督教传播的地方,就必然有圣保罗的名字存在。

除了澳大利亚墨尔本的圣保罗大教堂外,世界其他国家著名的圣保罗大教堂还有英国伦敦的圣保罗大教堂和巴西圣保罗市的圣保罗大教堂等。

第四节 联邦国会大厦与联邦广场

墨尔本城市考察的第四站是与澳大利亚政治历史有关的墨尔本旧国会大厦和与墨尔本市民生活有关的联邦广场。

一、联邦国会大厦

澳大利亚联邦国会大厦即墨尔本旧国会大厦(Old Parliament House),它建于1927年,是当时澳大利亚联邦议会大楼,在历史上曾有过两次大的扩建。1988年,澳大利亚首都堪培拉新的国会大厦落成后,在墨尔本的旧国会大厦完成了它长达61年的政治和历史使命,成为澳大利亚国家成长和历史变迁的见证人,现在改为澳大利亚国家肖像艺术博物馆。如前所述,澳大利亚原来的首都是在墨尔本市,但是作为澳大利亚人口最多的第一大城市悉尼的市民对此极为不满,多次提出迁都建议。为了平衡双方的关系,澳大利亚联邦政府于1911年元旦决定在悉尼和墨尔本两个城市之间的堪培拉建立澳大利亚新的首都,在新的国会大厦未建成启用前,澳大利亚联邦国会仍然在墨尔本的旧国会大厦办公。于是,在澳大利亚就出现了政府行政机构在堪培拉,而立法机构在墨尔本的奇特政治现象。

墨尔本旧国会大厦为一幢二层的白色建筑物,主要由两部分组成:立法的会议厅区域和日常的办公区域。此外,还有供休息娱乐的餐厅与酒吧。中间一间不大的内阁大臣厅是国家首领议宪定法的会址。在这间会议厅的墙壁上安装有窥视孔,会议桌和办公桌下安装有信号按钮,令人十分不解,也十分神秘,不知是作何用途。国会大厦二楼大部分为新闻办公室,被报社、杂志社、电台、电视台等新闻媒体单位所占据。根据导游的介绍,一些记者们经常冒险爬上国会大厦的楼顶,跑到内阁大臣厅的通风管道处偷听会议内容,然后传出所谓的"内部秘闻"来制造轰动新闻。于是,在澳大利亚把这种内阁屋顶走漏消息的现象称之为"Leaky roof"。

墨尔本旧国会大厦是澳大利亚政治和历史的见证和里程碑,从1927年到1988年,澳大利亚发生的所有有关国际国内重大事件都在这里通过。同时,这里也是英联邦国家政治民主的展现,是西方民主政治的缩影。由于随着时代的发展,澳大利亚国会议员的不断增多,旧国会大厦的会议厅和办公室都急需扩大,这也是堪培拉新国会大厦建成的重要原因之一。

二、联邦广场

墨尔本联邦广场(Federation Square)位于墨尔本市中心。南临亚拉河,北靠弗林达斯路,东接圣基尔达路,是一个开放型的多功能广场。墨尔本市的许多社会活动都在此举行。

联邦广场的建筑群以其抽象的超现实主义的模式展现在世人面前,它成为21世纪墨尔本城市的新象征。据介绍,墨尔本联邦广场的独特设计曾获得1997年的伦敦雷博建筑设计大奖。同年,澳大利亚联邦政府和维多利亚州政府共同投资4亿3千万澳币动工兴建,2002年10月主体工程竣工,开始陆续向公众开放。而广场的全部工程结束是在2003年。

墨尔本联邦广场是为墨尔本市民建造一个新的娱乐休闲和举行社会

活动的广场。在露天的圆形剧场可以容纳 35000 名观众。附近配套的有文化和商业建筑，共约 44000 平方米，包括澳大利亚维多利亚国家艺术馆建造的新馆，以及写字楼、工作室、画廊、饭店、咖啡馆、商铺、酒吧等，而所有这些都集中在联邦广场周边一块 3.6 平方公里的地方。墨尔本联邦广场的主要建筑有：(1)广场舞台。它是一个能同时容纳 35000 人的大型露天广场，广场的地砖艺术图案由澳大利亚著名艺术家卡特·保罗采用意大利特有的红沙岩石创作而成；(2)国立美术馆(伊普特收藏馆)。它由 20 个独立的分馆组成，分别是澳大利亚近现代美术史馆、澳大利亚土著居民艺术馆、澳大利亚摄影史馆、澳大利亚现代艺术馆、澳大利亚现代时尚馆、澳大利亚时装设计馆等；(3)澳大利亚电影馆。在这里可以了解到从世界上第一部电影的诞生到 21 世纪的 3D 数码电影，整个人类的电影历史都在这里进行展现；(4)SBS 媒体大厦。SBS 广播电视公司是澳大利亚唯一的用多民族语言进行广播的传媒机构，它是澳大利亚多元文化融合的象征；(5)BMW Edge。它的整个建筑像一个不规则的巨型几何体，能让人们产生无限的遐想，其内部设有音乐厅、歌舞剧场等，建筑由德国宝马汽车公司投资兴建。

对墨尔本联邦广场，有着来自两方面的不同声音。在赞扬声方面，它除了获得 1997 年的伦敦雷博建筑设计大奖外，广场竣工后，还陆续斩获了一系列大奖：2003 年英国 FX 国际室内设计奖；2003 年迪拜建筑和城市空间都市设计奖；2003 年澳大利亚皇家建筑师协会最佳城市设计奖和最佳室内设计奖；2003 年澳大利亚维多利亚州皇家建筑师协会勋章；2005 年亚太地区最佳公共建筑奖。但是，对墨尔本联邦广场的批评声音也从来就没有停止过。批评者们普遍认为：联邦广场整体不够宏伟，每个建筑的楼层低矮，缺乏大型广场应有的气势；建筑色彩不够华丽，看上去有些沧桑破旧；杂乱无章的广场几何图形，给人以视觉混乱的感觉；广场上空的电线网络乱得像蜘蛛网一样。因此，在 2009 年竟然被评为世界上十大最丑建筑之一。真是仁者见仁、智者见智啊！

我们达到墨尔本联邦广场考察时,适逢4月25日,而4月25日又是澳大利亚和新西兰的一个重要节日——“澳新军团日”(澳纽军团日)。澳新军团日(ANZAC Day)是为了纪念第一次世界大战时期,在加里波利战役中牺牲的澳大利亚和新西兰联合军团(澳新军团)将士的日子。澳新军团日在澳大利亚和新西兰均被定为公众假日,进行纪念,以缅怀他们为国捐躯的勇敢精神,并对青少年进行爱国主义教育。澳新军团日现在成为澳大利亚和新西兰两国最重要的节日之一。在第一次世界大战中的加里波利战役中,新西兰是参与该战役的所有国家中,按照人口计算最高伤亡率和死亡率的国家,澳大利亚则是在这次战役中伤亡率最高的国家。

加里波利战役(Battle of Gallipoli)又称为达达尼尔战役(Dardanelles Campaign),是第一次世界大战中在土耳其加里波利半岛进行的一场战役。它开始于英法盟军的海军行动,其目的是要强行闯入土耳其的达达尼尔海峡,打通博斯普鲁斯海峡,然后占领奥斯曼土耳其帝国的首都君士坦丁堡。在土耳其方面,则把这次战役称为恰纳卡莱战役。在此次战役中,协约国方面先后有50万士兵远渡重洋来到加里波利半岛参加作战。11个月的战斗(1915年2月19日—1916年1月9日),大约有53000名士兵战死,近10万人受伤。加里波利战役是第一次世界大战中最著名的战役之一,也是当时最大的一次登陆作战。

1914年的法国马恩河战役(First Battle of the Marne,又称“第一次马恩河战役”或“马恩河奇迹”)之后,以英、法、俄为首的协约国和以德、奥、土为首的同盟国在法国北部和比利时的战线上进入到僵持状态。于是,法国人提出要采取“外围战略”的办法来打破僵局。1914年11月,英国海军大臣温斯顿·丘吉尔(Winston Churchill,1874—1965,即后来二战中著名的英国首相)提出要凭借英国海军的绝对优势实力打开达达尼尔海峡,然后在加里波利登陆,直接进攻奥斯曼土耳其帝国的首都君士坦丁堡,把土耳其人逐出战争。这样,一方面可以减轻俄罗斯在高加索山战线的压力,得到君士坦丁堡控制的博斯普鲁斯海峡就可以直通黑海,支援正在血战的俄国军队;另一方面,希望借此开辟南方战线,攻打奥匈帝国。这种战略固然是相当高明,但是在战略执行的问题上却显得非常的粗糙。1915 年 1 月 2 日,英国政府接受了俄国沙皇尼古拉二世(1868—1918)的请求,决定在达达尼尔海峡展开一条新战线。

英法两国投入这次战役的共计有 62 艘军舰,以及大量辅助舰船,并指定英国皇家海军地中海舰队司令萨克维尔·卡登(Sackville Carden)上将具体负责指挥这次战役。舰队从 2 月 19 日开始炮轰达达尼尔海峡。3 月 18 日,英国的 16 艘军舰准备强行闯入狭窄的海峡通道发起进攻,但是有 4 艘军舰触发水雷,其余舰只只有撤退。在陆战中,土耳其军队在遭受突然袭击的情况下,纷纷向内陆退却,英国的突击部队在没有遇到大的抵抗情况下率先冲上了海岸。但是,德国军事顾问奥托·冯·桑德斯(Otto Liman von Sanders)已经看出了英国军队准备在加里波利登陆,于是火速调动军队至战区防御。土耳其军队在加里波利挖掘战壕,准备坚守,并依据半岛的复杂地形建立了强大的防御体系,集结了大量炮兵部队。所以,当英法联军准备扩大战果时,却遭到了土耳其士兵的突然袭击,将正在攀登海边悬崖的英法联军打了个措手不及。3 月 3 日,联军的首次登陆行动宣告失败,卡登上将也因负伤被送回英国。

为了夺回海滩,联军将领们认为一定要以陆军占领加里波利,才有可能得到达达尼尔海峡的控制权。于是协约国在埃及和希腊仓促之间集结了一支 8 万人的远征军,其主力由当时在埃及的澳大利亚和新西兰军队组成,即"澳新军团"(ANZAC)。英国任命有"诗人将军"之称的英国陆军上将伊恩·汉密尔顿(Ian Standish Monteith Hamilton,1853—1947)负责指挥这次战役。与他对阵的是由德国将军利曼·冯·赞德尔斯(Liman Von Sanders,1855—1929)率领的土耳其新编第五集团军,有 8 万 4 千人。当协约国远征军抵达战场时,虽然兵力未被对方超过,但土耳其军队居高临下,火力占有压倒优势。

根据作战计划,英军和澳新军团要在同一天,分别从两个不同的地点登陆上岸。具体来说，英国军队从海丽丝岬(Cape Helles)登陆，而在英军登陆之前，澳新军团先在更北面的伽巴帖培(Gaba Tepe)的海滩登陆。1915年4月25日夜晚，在掩护舰队实施炮火准备后，协约国军队同时开展登陆行动。由于澳新军团士兵大多没有接受过夜间登陆训练，再加上对半岛的地形一无所知，错误地登陆在目标以北的一个无名小湾(现在被称为澳新军团湾)。同一天，英国军队和印度军队在海丽丝岬同样遭到了土耳其军队猛烈炮火的打击。法国军队虽然在海峡对面的亚洲一面登陆，并建立了滩头阵地，然而登陆军队无法有效展开，形成不了立足点，第二天只有撤退。土耳其军队在凯末尔上校(Mustafa Kemal，1881—1938，土耳其"共和国之父")的指挥下，随即对联军进行了强大的炮火还击。经过一夜的混战，双方都死亡惨重。已经登陆的16000名澳新军团士兵在土耳其军队炮火的压制下，被困在临时掩体中无法动弹。

5月1日，土耳其军队对协约国军队大举反攻。在战斗中，英国战列舰"霍莱伊特"号、"胜利"号和"威严"号驱除舰相继被击沉。英国舰队被迫向后撤离。于是，联军的登陆部队失去了海军的炮火支持，失去了火力优势。到了5月6日和8日，协约国军队又向克里希亚进攻，死伤惨重，最终失败。19日，土耳其军队沿着整个澳新军团前线又发起了反攻。澳新军团的士兵在一连串自杀式冲锋中战死，结果还是无法占领预定的目标，他们被困守在一条从海滩到前沿阵地不过400米的阵地上。随着夏季的来临，战场上遍地死尸，疾病开始流行，半岛上的澳新军团士兵因气候不适应而导致的非战斗减员持续增加。即使这样，协约国为了赢得此次战役的胜利，又火速派遣3个师的英军前往加里波利战场。与此同时，德国将军冯・赞德尔斯也在集结土耳其的军队，准备迎接新一轮的进攻。

1915年8月6日，新一轮的登陆战斗在澳新军团登陆战场的西北面的苏弗拉湾展开，配合这个计划的两场战斗在独松和尼克山谷进行。这次行动由英国资深将领弗雷德里克・斯托普福德(Frederick Stopford)将军指挥。由于土耳其人在苏弗拉湾的防守比较薄弱,英国军队在登陆时未遇到太多抵抗。可惜的是英军上岸后未能及时扩大登陆战场、巩固滩头阵地和向内陆推进并快速占领制高点,宝贵的战机再次被错过。德国军事顾问奥托·冯·桑德斯紧急从其他防线抽调了近 2 万土耳其军队快速抵达苏弗拉湾,抢先在萨里巴依山梁上设置了一道临时防线,凯末尔亲自率领土耳其军队成功地遏止了协约国军队前进的步伐。到了 9 月,双方的战事又一次陷入了僵局。

1915 年 9 月,英国陆军上将伊恩·汉密尔顿被英国召回并解除了指挥权,由察尔斯·门罗(Charles Monro)将军接替。但是,协约国军队的伤亡人数仍然与日俱增。这时,初冬来临,许多士兵患病冻伤在军队中迅速蔓延。11 月 23 日,英国国防大臣在视察战场后,不得不下令按阶段进行撤军。英法联军的 9 万军队秘密地撤离了加里波利。而在整个撤军大过程中,土耳其人居然没有发现,不然,后果是难以预料的。因此,在整个加里波利战役中,协约国军队的撤退是一次最成功的行动,其伤亡只有 10 人。1916 年 1 月 9 日,当最后一名澳新军团士兵离开海滩后,加里波利战役宣告结束。

加里波利战役在历史上带来了许多政治、经济、文化上的影响。根据史料记载,协约国军队撤退后,大量物资来不及运走,土耳其人花费了整整 10 个月的时间,才将他们遗弃的物资清运完毕。在加里波利战役中,双方死伤惨重,无数士兵尸体只能就地掩埋,即使到了今天,当地农民在耕地时,时常会翻出士兵的骸骨。英国著名军事理论家、战争史专家富勒(John Frederick Charles Fuller,1878—1966)在《西洋军事史》一书中认为,加里波利战役在战略上是个极大的失误。由于战役本身支援俄国的目标未能达到,协约国的失败甚至于促使保加利亚下决心投入到同盟国的阵营,从而使得巴尔干半岛的战争态势更加恶化。同时也使得协约国大量人力物力消耗在土耳其方面而未能用于西线作战。从长远来看,整个作战计划促使了沙皇俄国的崩溃和俄国十月革命的爆发。

在加里波利战役中，双方投入的兵力都是14个师，协约国方面死伤人数为149937人，其中澳新军团35703人；土耳其方面死伤人数为163650人。战后，土耳其政府在加里波利半岛建立了历史公园来纪念加里波利战役牺牲的土耳其将士，有纪念馆、纪念碑和将士墓地。加里波利战役的战场，现在已经变成了农场。唯独澳新军团登陆的澳新军团湾的模样没有改变，成为土耳其的旅游景点之一。加里波利战役在澳大利亚和新西兰人民的想象中，代表了两国的特征：英勇顽强和团队友谊。因此，每年的4月25日，即澳新军团在加里波利战役中登陆的日子，被定为澳新军团日，为纪念加里波利战役牺牲的联合军团的将士。所以，澳新军团节成为澳大利亚和新西兰最重要的国家节日之一。据有关方面报道，澳新军团中的澳大利亚最后一名参加加里波利战役的老兵为阿里·堪宝，于2002年5月逝世，享年103岁。

澳新军团日是澳大利亚和新西兰的法定节日，我们有幸观看了墨尔本为庆祝澳新军团日的游行。在联邦广场的几个主要路段，游行期间是采取封路措施，所有车辆不能通行。墨尔本市的几乎所有退伍军人、中小学生都盛装来到游行的指定地点。游行的顺序基本上是按照陆海空的顺序，每个军兵种又以建制的先后次序入场。一般陆军是一个建制团为一个游行方阵，海军是一艘军舰为一个方阵，空军是以一个飞行大队为一个方阵。中小学校的学生则是以一个学校为一个方阵。每个方阵人数不一，多的有上百人，少的则十几人，均为退役军人，现役军人不参与游行。每个方阵领头人举着这个方阵自己原来的军旗，然后是老兵们穿着当年的军装，佩戴军功章和各式勋章，在自己当年的军旗引导下，缓缓通过联邦广场。在每个方阵出现时，联邦广场上的大屏幕就会介绍这个部队建制的由来、部队所参加过的战斗或战役、所取得的战绩，以及该部队出现的著名战斗英雄和将军们的事迹。在方阵中，是以参军军龄时间顺序排列的，所以走在前面的，都是长者。如果行动不便，则有他们的后代搀扶或者推着轮椅，行进在游行队伍中。在我所见到的老兵中，有参加过“二战”的，也有参加过韩战和越战的老兵；有参加过阿富汗和伊拉克战争的老兵；也有参加联合国维和行动的老兵。从军旗来看，五花八门，颜色有红、黄、蓝、紫、绿，甚至黑色；从造型来看，有长方形、三角形、四方形，有的军旗造型还有点近似于海盗船上的旗帜（有一支航空大队的军旗为蓝色三角形，中间的图案就是海盗船上的骷髅骨）和中国戏剧舞台上武生们身上插的令旗，很有意思。从对方阵的介绍来看，最早的军队建制是第一次世界大战时期组织的澳新军团，最晚的是 2009 年去阿富汗换防的 89 联队。

为了对青少年进行爱国主义教育，墨尔本的中小学生也参加澳新军团日的庆祝活动。由学校组织，自愿参加，不要求所有学生参加，所以一个学校来参加活动的也就 100 多人。中小学生的游行队伍是在老兵游行队伍的后面，也排列成方阵，出场顺序统一安排。他们的着装不是校服，也不是现代的迷彩服，而是中世纪和近代英国的军服。高耸的黑色绒帽，上面还插有羽毛；红色的对襟双排扣紧身衣，肩上有绶带；黑色马裤，外加红白花格苏格兰裙；黑色马靴，腰上悬挂配剑。学生们参加游行基本上是吹奏管弦乐，或者敲击行军的鼓点行进。仅仅是为了游行而游行者几乎没有。

澳新军团日的庆祝活动，除了具有爱国主义教育意义之外，实际上在我们看来还是一个盛装集会和历史展览的观摩。从历史的角度，可以了解澳大利亚军队建设的历史，战争的历史，武器装备发展的历史，军兵种产生、融合、解体、重组的历史。从审美的角度看，则可以了解英国与英联邦国家的服饰（军装）、车辆、民俗的美的感受。我们在游行队伍中，可以看到 100 年前一战时期的坦克，70 年前二战时期的吉普，60 年前朝鲜战争时期的火焰喷射器……直到 10 年前伊拉克战争中的狙击步枪。甚至于还看到了中世纪时期的骑士作战装备和当时贵族豪华的马车。同样，在西方的服装历史发展史上，我们在这里也可以巡礼一番了：世俗的、宗教的、军队的、民众的；古代中世纪的、近代的、现代的，以及当代最时尚的,在这里均可以看到,一饱眼福。这是鲜活的历史,流动的历史,立体的历史,以及难以磨灭的历史。

第五节 企鹅归巢

按照预定计划,下午前往著名的菲力普岛观看自然奇观——“企鹅归巢”。

中午,我们在墨尔本华人所开的餐厅“老干妈”(MaMa)吃自助餐。餐厅里人山人海,声音嘈杂,盆碗相碰,难以转身。2 个 80 平方米左右的餐厅,就餐者不下 200 余人。我就餐时间只 5 分钟,而排队夹菜用了 15 分钟,上卫生间排队用了 8 分钟。

餐厅街道对面有一红色建筑物,古典,哥特式,看起来相当豪华而又别致。原以为是市政府什么衙门,或者旧时贵族豪宅,抑或富人什么高档会所之类。最后在导游处进行求证,结果却是大跌眼镜,原来它是墨尔本的一所公共浴池,修建于 20 世纪 50 年代,至 1992 年,这所公共浴池就已结束了历史使命,现在为一慈善机构所在地。想想在 20 世纪 50 年代,澳大利亚政府能修建这样豪华的公共浴池,为市民提供方便,可能是与战后澳大利亚独立,经济开始腾飞有着很大的关系。

菲利普岛(Phillip Island)位于墨尔本市的东南约 137 公里,车程 2 个小时左右。菲利普岛是为维多利亚州南部海岸西港湾口的岛屿,长约 23 公里,最宽处 10 公里,最窄处 4 公里,总面积约 100 平方公里,其形状酷似海豚。菲利普岛原名叫斯纳普尔岛(Snapper Island)。1798 年,英国著名探险家巴斯(George Bass)曾经到达该岛。1801 年,探险家格兰特(James Grant)在此登陆后,将它改名为格兰特岛。后来,为了对澳大利亚新南威尔士的首任总督菲利普(Arthur Phillip)上校表示敬意而改为菲利普岛。1802 年,岛上开始有人居住,主要是猎取海豹者和捕杀鲸鱼者。

一个世纪后，随着人口的增长，1928 年，菲利普岛被宣告成立郡。考斯（Cowes）是岛上的主要城镇，目前岛上人口还不足 10 万。菲利普岛主要是度假和娱乐休闲中心，岛上除了渔民之外，也还有部分农民放养牲畜和种植粮食和蔬菜瓜果，岛上有大桥与西港大陆东岸相连接。菲利普岛是以神仙小企鹅闻名于世的度假胜地。在它的西南面的萨莫兰海滩（Summerland Beach），栖息着许多世界上最小的、身高大约 30 厘米的神仙小企鹅，所以当地人称呼自己所在的岛屿叫“企鹅岛”。每当太阳下山时分，夜幕降临，一批又一批的小企鹅成群结队上岸，返回自己的巢穴，不但样子十分可爱，而且场面也十分壮观，所以这种自然景观被称为“企鹅归巢”。菲利普岛不仅有可爱的小企鹅，而且还有澳大利亚特有的考拉，主要集中在岛东面的考拉保护区。这里的考拉和我们在悉尼野生动物园里见到的考拉不一样，它完全是野生动物，没有人工养殖的考拉。

因为企鹅归巢是在晚上观看，我们先是到达菲利普岛北部靠海的一个小村庄（Cows）休息，吃晚餐。村庄不大，只有一条主要公路通向海滩，街道两旁生长着粗大而不太高的树木，颇像中国南方的榕树。街道的尽头便是大海海湾。海滩上面是一片绿地，上面设有供人们休息和观看海景的椅子。成群结队的洁白色海鸥不时落在绿地上、海滩上，和游人们嬉戏，向游人们乞食。它们不断地啄食游人手中的面包、饼干和小食品，飞到你的头上、肩上甚至手上。海湾上还有一座小型船坞码头，许多当地百姓在此垂钓，享受海风的抚慰。我们见到一家 5 口，父亲正在教两个大儿子怎样钓鱼，而母亲则推着最小的儿子在儿童推车中观看父子三人的钓鱼。这种休闲，这种境界，真使我想起陶渊明“不知有秦汉，不知有魏晋”的感慨来。人生的最高境界，就是皈依于大自然，与大自然的和谐融合，才是真正的“天人合一”。

晚餐在华人所开的“同福餐厅”就餐。在这个世外桃源般的小村庄中，居然有 4 家华人开的餐厅。如果没有中国游客，华人的餐厅肯定是开不下去的。他们不但能够生存下来，而且生意极为红火，由此可知，中国的游客每年为世界做出了多大的贡献。可以这样说,在地球上,凡是有人类居住的地方,就必定会有华人;凡是有华人能到达的地方,就必定会有华人餐厅。

企鹅(Penguin)是一种不会飞行的鸟类,其身体为流线型,以便于在水里游泳。脚生于身体最下部,故呈直立姿势。脚蹼,前肢成鳍状。羽毛短,背部黑色,腹部白色。企鹅主要生活在地球的南半球,多数分布在南极地区。目前已知的企鹅种类共有18种,各种种类的主要区别主要在于头部色型和个体大小。这18种企鹅又分属6属,它们分别是:

1. 王企鹅属2种:(1)帝企鹅。身高1米以上,体重超过30公斤,是唯一在南极大陆沿岸一带过冬的鸟类,并在冬季繁殖。帝企鹅每次只产卵一枚,孵化时由雄企鹅将其放在两脚的脚蹼上并用肚皮盖住。在孵化期间,雄企鹅停止进食,完全靠脂肪维持生命,直到幼企鹅孵出为止。在整个孵化过程中,雄企鹅的体重大约要减轻三分之一左右;(2)王企鹅。体型比帝企鹅稍小,嘴比较长,颜色更加鲜艳,主要分布于南太平洋一带及亚南极地区,最北可以到新西兰一带。

2. 环企鹅属4种。(1)非洲企鹅,又名斑点环企鹅、斑嘴环企鹅或黑足企鹅。体长63厘米,居住于南非水域。非洲企鹅以其像驴一样难以置信的持续的嚎叫声而著名,因而有人又将它称为“叫驴企鹅”。其繁殖期在11月至次年3月间,一般会产下2—4枚卵,孵化28天,喂养小企鹅长达3个月之久。主要食物有小鱼、乌贼、节肢动物等;(2)洪堡企鹅。又叫洪氏环企鹅,产于南美秘鲁一带的南美洲西海岸;(3)麦哲伦企鹅。又叫麦氏环企鹅,产于南美洲南部;(4)加岛环企鹅。产于赤道附近的加拉帕哥斯群岛一带。

3. 角企鹅属6种。这是在企鹅中种类最多,分布最广的一属,共有6种,头部有黄色羽冠,在陆地上活动比较敏捷,在新西兰的有些种群甚至可以进入森林生活。(1)凤冠企鹅,又称厚嘴角企鹅,分布于新西兰一带;(2)响弦角企鹅,又称凤头企鹅,分布于新西兰的斯内斯群岛;(3)竖冠企鹅,分布于新西兰一带;(4)史氏角企鹅,分布于澳大利亚的麦阔里岛;(5)冠企鹅,也称跳崖企鹅,主要分布在南美洲南部及南太平洋一带;(6)长冠企鹅,也称马可罗尼角企鹅,分布于南太平洋一带及亚南极地区。

4. 黄眼企鹅属 1 种。黄眼企鹅,分布于新西兰南岛一带。

5. 白鳍企鹅属 2 种。白鳍企鹅属是企鹅家族中最小型的企鹅。(1)小蓝企鹅,又名小企鹅、蓝企鹅、神仙企鹅、小鳍脚企鹅,是全部企鹅家族中体型最小的物种,有别于其他常见的企鹅,它们有一身蓝色的羽毛,因此被称为小蓝企鹅。这种企鹅出没于澳大利亚和新西兰的海岸,也有人说在南美洲的智利也见到过小蓝企鹅。小蓝企鹅普遍身高 43 厘米,体重约为 1 公斤,有的甚至还要小一些。雄性的体型略大于雌性,而它们的羽毛则没有什么分别。其头部和背部呈靛蓝色,在晚上看起来则呈黑色。耳部呈青灰色,腹部为白色。其鳍部外部呈靛蓝色,内部的一侧呈白色。它的深灰黑色的喙长 3—4 厘米,脚部朝天的一方为白色,脚底和脚蹼则呈黑色。未成熟的小蓝企鹅的喙较短,靛蓝色部分的羽毛也比较浅色。小蓝企鹅与大部分海鸟一样,寿命很长,平均可达到 7 岁左右。根据记载,目前人类所知道小蓝企鹅最长的寿命达到了 20 岁。我们在菲利普岛看企鹅归巢的企鹅,就是这种小蓝企鹅;(2)白鳍企鹅,有人认为它是小蓝企鹅的亚种,也有人认为它是一个独立的物种,主要生活在澳大利亚和新西兰一带。

6. 阿德利企鹅属 3 种。(1)巴布亚企鹅。又叫金图企鹅,分布于南极与南太平洋岛屿中;(2)阿德利企鹅。是目前世界上数量最多的企鹅,在南极可以见到它大规模的群体,经常游荡于南极有浮冰的水域。阿德利企鹅是企鹅家族中实行一夫一妻制度的动物,它们在产卵前会事先筑好巢穴,找一些小石子围成一个窝的形状,可以有效地防止卵的滚动。但在南极,由于到处是冰天雪地,小石子成为一种稀缺资源,被严格控制起来,所以每个阿德利企鹅所分配到的小石子数量是十分有限的。如果雄性的企鹅想去偷盗邻居家的小石子,就会被人家驱赶或者追打。而取得小石子的唯一办法就是由雌性企鹅去与邻居雄性企鹅偷情,这样雄性邻居会默许情人把它家的小石子偷走几颗。(3)南极企鹅。又叫帽带企鹅,主要分布在南极一带,有时也游荡到了南极以外的地方。

据说,企鹅为人类所认识有一个过程。1488 年,葡萄牙的水手们在靠近南非最南端好望角的地方第一次发现了企鹅。但是,最早见之于文字记载的是却是意大利佛罗伦萨的历史学家安东尼奥·皮加费塔(Antonio Pigafetta)。他在 1520 年乘坐麦哲伦的环球航行船队在南美洲的巴塔哥尼亚海岸遇到了大群企鹅,于是记载了这件事情,但是当时他们并不认识企鹅,所以称为一群“不认识的鹅群”。早期欧洲航海家和探险家们描述的企鹅种类,一般多数是生活在南温带的企鹅种类。近代科学产生后,到了 18 世纪末,科学家们才开始定出了 6 种企鹅的名称。而真正地发现和认识生活在南极大陆上的企鹅种类,则是在南极探险和发现南极之后的事情。比如,王企鹅的名称出现于 1844 年,而响弦角企鹅的名称则在一个世纪之后的 1953 年才最后被命名。企鹅的身体肥胖,人们最初叫它们为“肥胖的鸟”。又因为它们经常在海岸边站立抬头向远方眺望,好像是在企盼着什么,因此人们后来又生动地把这种肥胖的鸟叫作“企鹅”。

菲利普岛的小蓝企鹅,是鸟类和动物中典型的辛勤一族。一般来说,它们都是天亮之前就出海觅食,太阳下山才回家归巢。观看“企鹅归巢”,是在太阳下山之后进行,由于小蓝企鹅在晚上怕强光的照射,所以游客们是严禁使用照相机的。在企鹅归巢景点,除了有各种关于企鹅的纪念品商品和酒吧、咖啡厅之外,引人注目的还有一个较大的放映厅,它轮流播放有关企鹅的影片以及菲利普岛企鹅归巢的壮观景象。由景点大厅至海滩观赏点,有 1 公里多的路程,由木板架成木架桥,两边和桥下供企鹅的出入。在海滩上,达成一个巨大的梯形看台,游客们在看台上观赏,不能下海滩去看,这样才不会打扰企鹅的正常生活秩序,也不会惊吓它们。

太阳的余晖逐渐消失，咸湿的海风徐徐吹来，伴随着游客们嘈杂的声音是海浪拍打岩石的波涛声。当太阳散去最后一丝金线，阿波罗收回他的弓箭，小蓝企鹅准时地从浪花丛中现身在海滩上，先是三三两两在等待同伴，然后是成群结队走上海滩，在形成了一定规模的情况下，他们才开始列队向岸上攀登，回到自己的巢穴。从第一只企鹅出现在海滩，到最后一只企鹅回到巢穴，整个企鹅归巢的过程大约需要 3 个小时。我们无法得知那天究竟有多少企鹅归巢，也无法得知整个企鹅归巢的全过程。不过，我从景点工作人员的口中得知，每天有多少小蓝企鹅下海，多少小蓝企鹅归巢，而且整个企鹅群的活动轨迹，他们都是了如指掌的，因为他们给了每个企鹅的脚上都安装了卫星定位系统。

菲利普岛的企鹅归巢是澳大利亚一个著名的旅游景点，但却与我们的预期和希望值相差甚远：一是由于我们对企鹅本身缺乏了解。因为我们所知道的企鹅，大都是王企鹅属之类的大型企鹅，而一见到企鹅家族中体型最小的小蓝企鹅，未免是大失所望了。难怪乎我们的许书记同志说，与其说是企鹅，倒还不如说是鸭子！确实如此，因为小蓝企鹅的体型还没有我们常见的鸭子体型大，只是走路的姿势憨态可掬罢了。二是观看企鹅归巢的游客太多，过于拥挤，人声鼎沸，走路都是身不由己。给人的感觉是人比企鹅多，不是看企鹅，而是看人；不是人看企鹅，而是企鹅看人。三是天色太晚，灯光太暗，无法认真仔细地看清楚企鹅，更不用说去研究企鹅的各个细节了。四是时间仓促，如果要将整个企鹅归巢看完，那要到晚上 10 点左右，而在这个时间段，再赶回到墨尔本去住宿，只怕是太晚了。所以，在整个企鹅归巢的观看中，只是意思意思而已，主要是感受一种氛围，体验一种感觉。

看完企鹅归巢，我们仍旧要回到墨尔本住宿。张导一路上车子开得飞快，我们的心都提到嗓子眼了。据我自己多年开车的经验，他开车的时速当在 100 公里以上，而是在晚上。他开的是 11 座的面包车，沿途只有他超别人车的份,而没有别人超他的车,由此可想而知。白天 2 个小时的车程,在晚上他同样只用了 2 个小时。因此,晚 10 点半,我们准时回到了塞贝尔和城门阿尔伯特公园酒店。

第六章

走近罗托鲁亚

4月26日,星期五,晴。

按照行程安排,我们的澳大利亚考察之旅结束,下一站的考察国家是新西兰。

新西兰(New Zealand)在西方殖民者到达之前是毛利人的故乡。毛利人在公元10世纪时从太平洋岛屿移居于此,称这块土地为"Aotearoa",意思是"白云绵绵的土地"。另外有一种说法是,一位名叫库普的毛利人撑着独木舟远航来到这儿,在即将靠岸时,发现天空中有一块独特的云,故名。还有一种说法是,早期毛利人到此,认为这些岛屿长短不一,形状像云朵,故名。1642年12月13日,荷兰航海家阿贝尔·塔斯曼(Abel Tasman,1603—1659年)在此登陆,最初称之为"Staaten Landt",意思为"我国之地"。但是,他的上司要求他仿效荷兰一个省的名字命名,而塔斯曼认为这是"新的海中陆地",与荷兰由海中岛屿组成的泽兰省(Zeeland,意为海中之地)相似,于是在泽兰前冠上一个新字,改名为"新泽西(Nieuw Zeeland)"。后来英国人占领了新西兰,并向新西兰大量移民,新泽西(Nieuw Zeeland)一名英语化后成为新西兰(New Zealand)。

第一节　飞往新西兰

早上起早，五点半起床，收拾行李，匆忙吃早餐。6 点半，准时乘车去墨尔本机场办理有关登记手续。

从澳大利亚墨尔本飞往新西兰奥克兰的航班为 NZ722 MERAKL 0910 1440。在墨尔本国际机场为我们办理出境手续的为一位华人，女性，30 多岁，服务态度极好，为我们免去了许多不必要的麻烦，也便捷了许多。

9 点 10 分，飞机准时从墨尔本国际机场起飞，飞往新西兰奥克兰。飞行时间为 3 小时 35 分，飞行距离为 2576 公里，乘坐的飞机为新西兰航空公司的空客 32S。该航班机型每个座位后均有小电视屏幕，可以自由选择电视或新闻，也可以全程自行监控所乘航班的飞行情况，如飞机的飞行高度、飞行距离、飞行方向、飞行速度，以及飞机舱外的温度等。机上服务的乘务员依然是空乘大妈，无国内的空乘小姐。

经过 3 个多小时的空中飞行，下午 14 点 40 分，飞机准时到达新西兰的奥克兰国际机场。在奥克兰机场，无论是办理入境手续，还是提取行李，都要比澳大利亚的悉尼国际机场要快得多，基本上不需要耽误多余时间。看来新西兰人比澳大利亚人更讲究办事效率。十分有趣的是，在入境的行李例行抽查中，赵湘处长又中了彩头，被机场安全检查官拦下进行行李开箱检查。

到奥克兰机场接机的是林导，男，40 岁左右，为人谦和，斯斯文文，福建福州人，林则徐家族之后裔，1996 年移居新西兰。

一出机场，我们立即乘林导的车赶往罗托鲁亚。罗托鲁亚距离奥克兰大约 233 公里的路程，路上行驶时间为 3 个半小时左右，因为中途大部分时间是在国道上，而不是在高速公路上行驶。新西兰的国道与中国的国道编号不一样。我国道路按其行政等级主要分为国道(含国道主干线)、省道、县道三级,由国、省、县三字汉语拼音首字母 G、S、X 作为它们各自相应的标识符,标识符加数字组成编号。国道主干线的编号,由国道标识符"G"、主干线标识"0"加两位数字顺序号组成。国道放射线编号,由国道标识符"G"、放射线标识"1"和两位数字顺序号组成,以北京为起始点,放射线止点为终点,按路线的顺时针方向排列编号,如 G101 北京至沈阳(简称京沈线)。国道北南纵线的编号,由国道标识符"G"、北南纵线标识"2"(偶数)和两位数字顺序号组成,如 G204 烟台至上海(简称烟沪线)。国道东西横线的编号,由国道标识符"G"、东西横线标识"3"(奇数)和两位数字顺序号组成,如 G318 上海至聂拉木(简称沪聂线)。新西兰的道路分为 1 号国道、2 号国道、3 号国道……没有省道,更没有县道。道路不是很直,有弯道,有坡道。道路也不是很宽,双向 2 车道。因此,行车速度不是很快。

中途,我们在骂他骂他小镇(Matamata)休息,观看漂亮的橡树林。橡树(Oak)为大型常绿乔木,也是世界上最大的开花植物。它的生命周期长,寿命可达 400 年以上。橡树的树型优美,树冠塔列,树高可达 20 多米,而印度橡树则高达 30 多米,树冠超过 10 米以上。橡树的果实可以食用,橡树皮则可以来作软木使用。橡木是欧洲自古以来的最上乘的木材,大到帝王的宝座、海军船舰、皇室马车、宫廷家具、宫廷建筑与装饰,小到教堂雕刻、葡萄酒桶等,随处都可以见到橡木制品。在植物学上,橡树的分类共有 28 种之多。在欧洲人的宗教、神话和传说中,橡树是神圣的,被看作是天神。如传说中橡树的主管者是古希腊的众神之神宙斯。在德国,橡树则被定为国树。

别看骂他骂他小镇不大,总人口才 12000 多人,充其量也只相当于中国的一个小村庄而已。但是,它却是在外很有名头,因为它是新西兰的著名影视拍摄基地。一些中国人熟悉的外国大片,如《魔戒》《指环王》等,都是在此取景拍摄的。在小镇中,我们还可以看到当年拍摄电影而搭建的小人房屋和街景。

下午6点半，我们抵达目的地罗托鲁亚。晚餐在纽西兰（新西兰的华人一般称新西兰为“纽西兰”，不称“新西兰”；称新西兰币为“纽币”，而不称“新币”）“至上风味馆”就餐。该餐厅为华人所开，在餐厅大厅里播放《舌尖上的中国》，生意甚是红火，除了华人外，许多西人也喜欢来此就餐。

餐后，入住罗托鲁亚市中心芬顿大街272号（272 Fenton St Glenholme，Rotorua）的雷杰斯酒店（Rydges Hotel，Rotorua）。雷杰斯酒店是一家四星级酒店，建筑很有韵味，就像中国的四合院。整个建筑不高，六层，四方，中间大厅直上顶篷，为餐厅。门外则有两棵巨大的桉树。有意思的是，在酒店大门的右侧，还有大幅的中文饮食广告。酒店的附近300米处，是一个有18洞的高尔夫球场，酒店的背后则是一个跑马场。

在澳大利亚和新西兰住宿过的酒店中，雷杰斯酒店是我印象最深、最具有个性的酒店。在我个人的观察中，它至少有以下几个方面是极具特色的：

1. 房间大。雷杰斯酒店的标准双人间客房，面积达到60平方米左右，几乎有国内一般标准客房的三倍大，是香港、澳门、韩国、日本、新加坡等地客房的四倍还不止。

2. 床大。双人标准间的两个床均为双人床，1.8米宽，而且还超高，床高达到70厘米，并且每个床都配有两个床头柜。

3. 接近中式风格的家具。雷杰斯酒店中的家具，如床头柜、书桌、电视机柜均是如此。床头的圆柱是中国式的葫芦顶型圆柱，即“五级相轮”，椅子的角也是圆柱形，葫芦相轮造型，桌子的四脚则是拱形，底部为虎爪。就连餐桌都是中国式的圆形餐桌。难道家具的设计者来自中国？

4. 客房中配有设备齐全的开放型厨房，客人可以自己在房间里做饭菜吃。为了客人的方便，客房里同时配备了灶台、冰箱、微波炉、圆桌餐厅以及各种炊具和餐具。

5. 浴室和浴缸极大。浴室有10平方米左右，而浴缸则可以两个人同浴。在浴室中，为客人配备的浴巾和毛巾共有8条，而每个床上配备的枕头也是四个。

6. 客房壁橱的门为房门型，一般不会被人注意。壁橱里除了配有衣架之类外，还配有电熨斗和熨斗衣架。

7. 房间的电视机虽为日产索尼，但却是中国制造。

8. 客房中装有暖气设备，但没有空调，只供暖气，不放冷气。如遇天气热，则吹电风扇。所以，每间客房中有吊扇一台，另有落地扇一台。现在的酒店不用空调，而在用老式的吊扇，确实有点不可思议。

9. 每间客房都配有一个休闲阳台，可以观光，聊天，喝咖啡。休闲阳台上配有休闲桌椅，也放置着花卉。

晚上无事，与赵处长、魏主任、邓所长几个散步，逛附近超市。在新西兰超市中，发现几乎所有的锅碗瓢盆等日常生活用品，都是中国制造。看来中国为世界工厂是名不虚传，但这些产品没有什么科技含量，也没有什么利润可言。在水果和蔬菜区，发现新西兰所产的水果和蔬菜都是超大的，其中包括从中国引进的猕猴桃（神仙果），是他们的生产技术先进，还是转基因产品？我们不得而知。

今天一天都是在旅途中度过的，先是近4个小时的飞机，然后又是近4个小时的汽车。这就是旅游，以旅为主，以游为辅。以前是走马观花，现在进入21世纪，则是乘飞机观花了。上午还是澳大利亚的墨尔本，下午是新西兰的奥克兰，而晚上则是罗托鲁亚了。

第二节　走近罗托鲁亚

4月27日，星期六，晴。

罗托鲁亚（Rotorua），又译“罗托鲁阿”或“罗托鲁瓦”，是新西兰北岛中北部的一座工业城市，位于罗托鲁亚湖畔。罗托鲁亚湖面积为23平方公里，罗托鲁亚的市名即是来源于湖名。罗托鲁亚距离新西兰第一大城市奥克兰约233公里，人口约6万人。“罗托鲁亚”是毛利语，意为“双湖”(罗托鲁亚湖和陶波湖)。又因为坐落在火山多发区，故被称为“火山上的城市”。1886年和1917年，罗托鲁亚两次火山爆发，摧毁了大量的建筑和公共设施。

罗托鲁亚是新西兰著名的旅游胜地，主要的风景名胜区有：

1. 塔拉威拉山

塔拉威拉山不仅见证了新西兰的历史，而且在罗托鲁亚的历史中也占有重要的位置。它是毛利人的圣地，得到毛利人纳蒂朗吉蒂斯部落(Ngati Rangitihi)的保护。塔拉威拉山在19世纪曾被旅游者称为是“世界第八奇迹”，因为这里有着著名的粉红与白色相间的台地奇观。但是1886年6月10日的火山爆发毁灭了这一奇观，周围的地形发生了翻天覆地的变化。然而，火山爆发所形成的巨大火山口，又形成了新的风景，就是现在风光秀美的罗托玛哈纳湖(Lake Rotomahana)。

2. 摩库列阿岛

摩库列阿岛位于罗托鲁亚湖的中央。在这个岛上所诞生的海尼莫阿(Hinemoa)与图唐纳凯(Tutanekai)爱情故事在新西兰广为传播，就像中国历史上的梁山伯与祝英台、董永与七仙女、刘海与狐仙的故事一样地深入人心。

据说，海尼莫阿是位美丽的少女，是部落酋长的女儿，住在神圣的罗托鲁亚湖的东岸。当时，在罗托鲁亚湖中央的摩库列阿岛上住着一户人家，几兄弟中最小的就是图唐纳凯。在一次部落聚会中，图唐纳凯与海尼莫阿相识，从此双方坠入爱河。图唐纳凯威武娴熟的搏击技巧和英俊潇洒的外表打动了海尼莫阿的芳心。但是，由于图唐纳凯的出身低微，是不可能娶到海尼莫阿的。图唐纳凯只能成天坐在小岛岸边，用他的笛声诉说他的哀伤。笛声飘过湖面，传到了海尼莫阿的耳中。为了阻挡笛声，海尼莫阿部落中的人们用一艘巨大的独木舟挡在沙滩上,但挡不住聪明伶俐的海尼莫阿对爱情的追求。一天晚上,决心寻找爱情的海尼莫阿把一个葫芦绑在身上,朝着图唐纳凯的笛声游去,在笛声的引导下,最终来到了图唐纳凯的摩库列阿岛,有情人最终走到了一起,海尼莫阿的部落也同意了他们的婚事。

3. 欧卡雷瀑布风景保护区

欧卡雷瀑布风景保护区(Okere Falls Scenic Reserve)主要是观看欧卡雷河上的瀑布。欧卡雷河是一条具有历史意义的河流,它是毛利人纳蒂皮乔部落的发祥地,纳蒂皮乔部落是蒂阿拉瓦部落的旁支,他们常年居住在此,生息繁衍,保留着毛利人的文化和传统。

4. 法卡雷瓦雷瓦森林公园和费利纳基森林公园

法卡雷瓦雷瓦森林公园又称红杉林,种植的是美国加利福尼亚的红杉树,风景极为优美。据说,这些红杉树是新西兰政府在20世纪初以每株10000美元的价格从美国购买的,现在均已长成参天大树。美国好莱坞电影《哈利波特》中的红树林就是在此选景的。有意思的是,一些横倒在地上的红杉树却并不枯朽,其树干上又再生出新的参天大树,依然是伟岸挺拔、枝繁叶茂,显示出了顽强与无比旺盛的生命力。如果说,法卡雷瓦雷瓦森林公园是人造森林公园的话,那么,费利纳基森林公园则有着"远古森林"的美称。这里有许多几百年树龄的参天大树,如巨大的罗汉松等。此外,这里还有被河水冲断的远古时期的洞穴,这些洞穴中残留着2000多年前陶波火山喷发时的遗迹。

5. 奥海因姆图地热村

奥海因姆图地热村是新西兰原住民毛利人纳蒂法卡伊部落(Ngati Whakaue)的定居地。他们之所以选择在此地定居,是因为这里的地热资源丰富,可以利用地热来做饭、洗澡和取暖。

6. 陶波湖

陶波湖的海拔357米,长40公里,宽27公里,深159米,面积为616

平方公里,是大洋洲中最大的淡水湖。湖中盛产虹鳟鱼。陶波湖有47条江河与溪流汇入,新西兰最大的河流怀卡托河注入其中后,又从陶波湖东北流出。湖东是陶波镇,湖西是巨大的火山口。

罗托鲁亚也是新西兰著名的林区,有森林面积125万英亩,其中人造林30万英亩,主要种植美国加利福尼亚的辐射松和红杉树。新西兰国家林业研究所就设在罗托鲁亚。罗托鲁亚有新西兰最大的锯木工厂和造纸工厂,它所生产的木材占新西兰全国产量的一半,所生产的纸浆和纸张也占全国的四分之三以上。

更重要的是,罗托鲁亚是新西兰毛利人特拉瓦部落(te Arawa)的中心,也是毛利文化的中心,在这里展现出了最完整的毛利文化。在罗托鲁亚市,建有毛利博物馆、毛利工艺研究所、毛利艺术雕刻中心、毛利会堂和毛利村寨。

毛利人(Maoris)是新西兰的少数民族,也是新西兰的原住居民。他们在人种上属于蒙古利亚人种和澳大利亚人种的混合类型。相传是由波利尼西亚中部的社会群岛南下迁徙而来,时间大约是公元10世纪。

19世纪初,英国人入侵新西兰前,新西兰的毛利人有20多万人,分为50个部落。这时,毛利人已进入原始社会后期,形成了部落联盟,原始公社制度开始分化瓦解,出现了贫富差别和阶级分化。当时的毛利人社会以父系大家族公社为单位,其部落亲属制度与夏威夷群岛的土著居民相似。在英国殖民者来到之前,毛利人的经济以农业经济为主,经营粗放,刀耕火种;部分部落仍然从事渔猎和采集。与此同时,他们的手工业有了一定的基础与发展。英国殖民者来到新西兰之后,毛利人开始与西方人接触,进行商品交易,从殖民者手中换取枪炮、衣物、食品以及西方的先进生活用品。1840年,也就是当时的大英帝国在远东迫使满清政府签订《南京条约》,将中国开始沦为半殖民地的同时,在新西兰,先后有500多个毛利人领袖也与英国政府签订了《怀唐伊条约》,新西兰从此成为大英帝国的殖民地之一。

《怀唐伊条约》(Treaty of Waitangi)是1840年英国政府与新西兰毛利人之间签署的一项协议,因在新西兰北岛北端的怀唐伊镇签订而得名。1839年,英国政府委任威廉·霍布森船长(William Hobson)担任英国维多利亚女王的新西兰领事。被命令指示去"处理新西兰的原住民,让他们让出全部或者部分岛群的利益"。1840年1月,霍布森从澳大利亚的悉尼来到新西兰,制定了一个草案,并交给传教士亨利·威廉牧师(Henry Williams)翻译成毛利语的版本。这在当时非常困难,因为有许多英文文字都没有相等的毛利语意思,所以协议真实的意思表达是不十分清楚的。1842年2月6日,有45位毛利人领袖与英国政府的代表在怀唐伊镇签订了该条约。不久,这个条约循环到了新西兰全岛各个地区,共有39位毛利人领袖签订了这份条约的英文版,512位毛利人领袖签订了该条约的毛利语的版本。《怀唐伊条约》的签订,使新西兰正式成为英国的殖民地,但与此同时,也在条约中确定了毛利人的土地和文化的拥有权。后来,该条约被公认为新西兰的建国文献。条约的主要内容有:(1)毛利人各酋长让出其领土主权,凡岛上出生者,均受英国法律管辖;(2)保证新西兰各部落酋长的土地、森林、渔场及其他财产不受侵犯;如出售土地,应优先出售给英国女王;(3)毛利人可以得到英国女王的保护,并可以享受"英国国民所享有的一切权利和特权"。条约签订后,1840年5月21日,霍布森正式宣布新西兰成为英国的领地,并定奥克兰为新西兰首府。

很多人认为,毛利人是天生的艺术家,尤其是在音乐和舞蹈方面。他们从西方传教士那里学习了基督教赞美歌的旋律和和声,再经过自己巧妙地加工和运用,从而发展成为毛利人明朗愉快的音乐。他们有着和夏威夷土著居民一样的草裙舞蹈之类的毛利人歌舞,这不仅在毛利人的文化中心罗托鲁亚是如此,就是在新西兰国家的大型节日庆典中,自然也少不了毛利人的歌舞。除了音乐与舞蹈外,毛利人在美术方面,尤其是在雕塑上,充分体现了毛利人的艺术天分和文化气息。无论是在他们的独木舟、房屋、村寨以及会议场所,到处都是他们的雕塑,千姿百态,鬼斧神工。

早起后与赵湘处长出外散步，罗托鲁亚市中心芬顿大街的街道两旁基本上都是汽车旅馆，环境很幽雅，且均挂牌满员。到了周末，新西兰人一家人或者情侣和朋友等都喜欢外出度假，因此汽车旅馆在周末基本上都是满员。

所谓“汽车旅馆”，原文来自于英文的“Motel”，是“motor hotel”的缩写。汽车旅馆与一般旅馆最大的不同点，在于汽车旅馆提供的汽车停车位与房间相连。一楼当作车库，二楼为卧室。独门独户为典型的汽车旅馆房间设计。汽车旅馆大多位于高速公路、国道干线附近，或者公路离城镇较偏远处，或者是乡村和小城镇，以便于以汽车或机动车作为旅行工具的旅客投宿。汽车旅馆在西方以及日本比较风行。在中国改革开放后，虽然分布在全国各地的数百家的莫泰（Motel）连锁酒店也叫作“汽车旅馆”，但实际上只是一家连锁酒店而已，并不是真正意义上的汽车旅馆。在西方、日本、我国台湾等地，汽车旅馆有时也是“情人旅馆”的代名词。

早餐后，去新西兰著名的爱歌顿农场参观。爱歌顿农场面积为135公顷（350英亩），是新西兰面积最大的观光牧场，也是新西兰著名的休闲农庄。在农场的入口处，有着新西兰传奇绵羊——“史瑞克”的雕像。

2011年6月6日，新西兰一只17岁大的绵羊（相当于人类的年龄99岁）“史瑞克”被实施安乐死。这一天，不少的新西兰人为它哀悼。这只美利奴（Merino）绵羊之所以闻名新西兰和全世界，是因为它害怕自己漂亮的羊毛被剪掉而独自躲藏在山洞，而且一躲就是7年。2004年，当它被人们发现时，它正躲藏在新西兰南岛小镇塔拉斯的一处山洞中，它身上披着27公斤重的长毛。

塔拉斯小镇里有一个1.1万公顷的农场中喂养着1.7万只绵羊，农场主名叫约翰·佩里亚姆。史瑞克是他所喂养的众多美利奴绵羊中的一只，美利奴绵羊每年需要剪羊毛5次，而史瑞克为了逃避剪羊毛，则采取了失踪的办法，在山洞里躲藏了7年，靠吃灌木为生。史瑞克被人们发现后，立即就成了“明星”。不仅受到当时新西兰总理海伦·克拉克（Helen

Clark,新西兰工党领袖,1999 年 12 月 5 日—2008 年 11 月 19 日担任新西兰总理)的接见,而且还成为两本畅销书的主角。它受邀到一座漂浮在新西兰南岛附近的冰山上接受剪羊毛,新西兰多家电视台对此进行现场直播。当时,它的出场费高达 1.6 万美元。史瑞克不仅是一名明星,还是一名慈善大使。它在 2004 年被剪的"7 年长毛"被拍卖,其善款捐给了儿童慈善机构。史瑞克共为这家儿童慈善机构筹集了超过 15 万美元的慈善款。史瑞克还拯救了一所即将关闭的学校——塔拉斯小镇的塔斯拉学校。该校的师生写了一本关于史瑞克故事的书籍,刚一出版就销售出了 50 多万册,后来又多次重印,从而使得这所学校成为新西兰最富有的学校之一。

该农场主约翰·佩里亚姆说,史瑞克不仅仅是世界上"毛最多的绵羊",它 7 年长毛达到了 27 公斤,足够织 20 件男式毛衣。它还可能是最年长的绵羊,因为一般的绵羊活不过 6 岁就遭到了人们的宰杀,而史瑞克活到了 17 岁,相当于人类的长命百岁。史瑞克死后,它的主人佩里亚姆在教堂里为它举行了葬礼,并将史瑞克的骨灰撒在了新西兰的最高峰——库克峰上。在塔拉斯小镇,佩里亚姆还为史瑞克树立了一座青铜雕像。

爱歌顿农场属于私人所拥有,由两个家族共同管理。该农场除了饲养 1500 只绵羊外,还饲养着乳牛、鹿、驼羊、马、鸵鸟、鸸鹋等。在农场的果树林里,则种植着由中国引进的橘子与猕猴桃(他们称为奇异果或神仙果)。在农场拥有 628 个座位的表演馆里,游客们可以欣赏到每天三次的精彩的剪羊毛表演。在给游客们发放的耳机中,有中、日、韩、法、西班牙等语言的频道选择,可以听到同声翻译。19 只冠军级的绵羊依次登台亮相,剪羊毛的高手现场进行剪羊毛表演。在表演者的指挥下,牧羊犬"精灵眼"和"亨德威"则进行了精彩的牧羊表演。

世界上著名的牧羊犬有 9 个种类,分别是:(1)苏格兰牧羊犬(Rough Collie,原产地苏格兰);(2)边境牧羊犬(Border Collie,原产地苏格兰);

(3)德国牧羊犬(German Shepherd,原产地德国,人们通常称之为“狼狗”);(4)喜乐蒂牧羊犬(Shetland Sheepdog,原产地苏格兰);(5)长须牧羊犬(Bearded Collie,原产地英国);(6)澳大利亚牧羊犬(Australian Shepherd,原产地澳大利亚,但是,是从美国培育和发展而来);(7)可蒙犬(Komonder,原产地匈牙利);(8)伯瑞犬(Briard,原产地法国,又称“布里特犬”);(9)中国的藏獒。新西兰是英联邦国家,与英国的关系密切,主流为英国移民的后裔,所以,农场里的牧羊犬也用英国的品种。爱歌顿农场里表演的牧羊犬“精灵眼”属于起源于苏格兰的边境牧羊犬,1915 年正式命名,实际上这种牧羊犬已有上千年的历史。全世界的牧羊工作,几乎有一半以上都由它们来担任,目前是世界排名第一的牧羊犬。它的特点是耐力好、精力充沛、警惕性高、智商高。“亨德威”属于起源于苏格兰低地的苏格兰牧羊犬。苏格兰牧羊犬一是因为得到英国维多利亚女王的喜好,二是因为在 1940 年主演了电影《灵犬莱西》一角而闻名于世,是世界上最受欢迎的牧羊犬之一。它的特点是忠实主人、工作认真、聪明智慧。新西兰号称是骑在羊背上的国家,对羊有着特殊的情感。实际上,中国人对羊也是充满感情的,据不完全统计,在汉语语言中,有关羊的成语即达 58 种之多。

在我们的参观表演中,游客主要是韩国人和中国人,占了游客的 70% 左右,欧美游客和非洲、中东、印度的游客不及三分之一。据导游讲,在 20 世纪八九十年代,来新西兰旅游的亚洲游客主要是日本人,而进入 21 世纪后,到新西兰和澳大利亚旅游的亚洲游客则主要是中国人和韩国人了。目前,在亚洲,中国人是新西兰的第一大旅游客源国。韩国游客与中国游客有某些相似之处,就是喜欢热闹,大声喧哗。

根据导游给我们的行程安排,在罗托鲁亚参观的第二站为毛利人文化中心。毛利人文化中心又称为“毛利文化村”(Maori village)。它将毛利人的古老的房屋建筑经过修缮后,全部集中在这里。我们可以看到远至上千年的古老简陋的半地穴式的茅舍,也可以看到进入文明时代后豪华的半悬空式的木楼。毛利人文化中心还集中了毛利人的各个时期的各种独木舟,由最原始的挖槽独木舟到具有身份和艺术象征的彩绘独木舟,可以看到毛利人独木舟的发展历史。毛利村的中心是一处颇具规模的展览场所,正中央是宽敞的广场,广场的正中是毛利人会堂,可容纳 300 左右的部落贵族或酋长们开会。两侧为漂亮和独特的毛利人仓库,悬空,无窗,无门。广场右侧为毛利文化展览所,供游人参观,其内部陈列了毛利人独特的雕刻艺术品。如果凑巧,你可以在毛利人文化中心欣赏到震撼心魄的毛利歌舞表演,了解毛利人独特的历史文化和生活传统。

据介绍,在毛利人的要求下,1963 年,新西兰议会通过了一项旨在保护毛利文化遗产和毛利人技术与艺术的议案。因此,新西兰毛利艺术和工艺研究所即根据该议案于 1966 年 10 月 29 日在罗托鲁亚正式成立,其目的主要是为了保护毛利人的文化遗产、培训毛利人艺术工匠、为毛利人艺术家举办艺术展览等。这有点类似于我国的非物质文化遗产保护之类的政策和措施,只可惜我们开始认识到这一点时,却比新西兰人晚了近半个世纪。新西兰毛利人艺术和工艺研究所主要包括毛利人传统雕塑厅、金石雕塑厅、雕塑学校、毛利会堂、毛利纺织厅、毛利独木舟等。该研究所为了保护、推广和传承毛利文化,因此经常在各种艺术节期间,去表演毛利人传统舞蹈,展出毛利人艺术作品。

看毛利人的木雕艺术、编织艺术,我似曾有一种熟悉的感觉,正如我在雷杰斯酒店住宿的感觉一样。他们的雕塑、编织的工艺品,与我们在国内许多旅游地的纪念品又何其相似!它的木雕艺术,从工艺到工具、从造型到造像,和南岳衡山的木雕作坊出品的木雕作品差别不大;它的编织艺术,从用材到形状、从挎包到斗笠,与湖南湘西土家族苗族的工艺品相差无几。于是,我想到了两个问题:一是人类的审美观以及原始的艺术大抵是相通的;二是一个学术上有争议的问题,即从波利尼西亚中部的社会群岛南下迁徙而来的毛利人共为 7 个部落,有部分学者认为其中的一个部落是从中国的宝岛台湾迁徙去的。20 多年前,1990 年,我曾在拙作《论文身的原生内涵》一文中就从新西兰的毛利人与台湾的原住居民高山族排湾人的文身习俗进行过比较研究，认为他们的习俗相同，应该是有某种历史渊源的。经过参观毛利人的艺术作品、音乐舞蹈，以及看他们人种的身材长相，我更加确信了部分毛利人是从中国台湾迁徙到新西兰的这种观点。

新西兰毛利人艺术和工艺研究所是一个非营利机构，也不接受政府基金的直接资助。但是，在毛利文化中心，法卡路瓦地热公园受该研究所管辖。研究所可以动用公园的门票收入来支持和支付各种形式的毛利艺术、工艺、文化研究的开支费用。法卡路瓦地热公园也属于毛利文化中心参观的一个项目。在这里，时不时可以看到地热形成的泥浆池里夜以继日地冒着气泡，也时不时地看到从小山头缝隙中冒出的缕缕轻烟。在这里，有火山和间歇地热喷泉吐出的物质所形成的蒂基特里、怀奥塔普、奥拉凯·科拉拉等高地。他们既有原野的粗犷美，又有使人如痴如醉少女般的温柔美，其风光很是独特。我们所见到的蒂基特里高地的岩石中含有大量的铜和硫黄等矿物质，呈现出黄绿色。走进高地，是湿气漫野，怪味刺鼻，感觉极其难受，故毛利人称之为“鬼门关”（蒂基特里），意思是坠入了地狱。而在奥拉凯·科拉拉高地上的岩石，却是五彩斑斓，看上去宛如一幅彩色的图案，因此有着“画家调色板”之称，景色十分绚丽。

在这里，我们有幸地既看到了灰色地热泥浆池里不停翻滚的泥浆气泡，那是地下水经灼热的岩浆加热后向上的沸腾舒展，伴随它的则是泥浆池里飘荡着的缕缕白色轻烟。其形如瑶台，其势如东海；其意如琼阁，其状如天阕。真是一派神仙居所！我们也有幸看到了喷射20多米高的间歇热喷泉，那是地下水经灼热的岩浆加热后向上的空中翩翩起舞，伴随的却是浓浓白烟，空中弥漫着呛人的硫黄味。其形状既如通常所见的喷泉，又如大火的浓烟，甚至还像原子弹大爆炸后向上翻滚的蘑菇云。这种间歇喷泉大约每两个小时喷发一次，每一次持续约20分钟。我们参观时正赶上间歇喷泉的喷发，能看到这样壮观的景象，是我们的福气。据说，毛利人每年都要在某个特殊的日子来到这里,在喷泉喷发时举行盛大的仪式,展示着毛利人的各种风俗习惯,也展示他们的勇敢和美丽。

参观完毛利人文化中心后,我们顺路浏览了罗托鲁亚湖和罗托鲁亚市政府花园。在这里,充分体现了新西兰人所崇尚的理念:人的自由和人与自然的和谐。罗托鲁亚湖就是一个天然的公园,一个天然的人类休闲地,一个天然的鸟类栖息地。人们和各种鸟类在水中共同嬉戏、在小路上携手散步、在草地上一起觅食和休息。罗托鲁亚市政府花园就位于罗托鲁亚湖畔,虽说是市政府花园,实际上就是一个公共广场和一块公共草地。因为它既无围墙,也无栏杆,对各种市民和游人的散步休闲也无任何限制,只是因为它位于罗托鲁亚市政府大楼的前面而已。

中餐我们被安排在罗托鲁亚饮食较为集中的街道,我们一般叫作饮食一条街。餐馆为中餐馆,为“同福餐馆”,与在澳大利亚墨尔本菲利普岛上看“企鹅归巢”时就餐的餐馆同名。该餐馆很有中国传统文化的韵味,不但内部的装修是中国化的,而且在店面的墙面上,有着几十个书法字形不一的“福”字,所以叫“同福”,确实有道理。餐馆生意兴隆,口味也不错。除了华人外,也有不少新西兰本地居民前去就餐。餐馆老板娘50多岁,为一马来西亚籍的华人,精明能干,干事风风火火,自己有时还要亲自下厨房干活,汉语也讲得蛮好。只是脾气极为暴躁,不停地训斥跑堂的小二。其架势真是堪比龙门客栈的金镶玉和十字坡的孙二娘了。

第三节　返回奥克兰

根据安排,中餐后我们一行参观毛利皇宫、红木森林、羊驼绒生产工厂。

毛利皇宫也叫“毛利政府花园”,由皇宫、温泉、草坪、池塘、纪念碑等组成。在芳草萋萋的绿色草坪端处,耸立着一幢橘黄色屋顶,充满着苏格兰韵味的建筑,其造型别致,外观美丽。当年的英国殖民政府为了缓和与新西兰毛利人的矛盾,特地为毛利人的首领建造了毛利皇宫,作为礼物来赠送给毛利人国王。但是,毛利皇宫建成后,毛利国王并不想住在英国人修建的房屋里,而是居住在自己的部落中。于是,毛利皇宫便被用来作毛利人的议会大楼。现在,它被改成了毛利博物馆。而毛利国王只有在想泡温泉的时候才会来这里住上几天。这里的温泉极其有名,原来有室内温泉和室外温泉,现在的室外温泉基本上已经废除。我们见到的室外温泉池已经荒芜,但池内仍然可以见到温泉泉眼在不停地冒气泡,空气中也飘荡着较浓的硫黄气味。

1857 年,毛利人为了反抗英国人的殖民统治和压迫,开始了毛利国王运动,选举出了毛利人自己的国王,与英国殖民政府分庭抗礼。1858 年 4 月,毛利人建都罗托鲁亚,并开始制定法律、设立议会、招募警察、设计国旗国徽等。正是在这种历史背景下,英国殖民政府才建造了这样豪华的毛利皇宫赠送给毛利国王。从 1857 年毛利人选举出自己的第一位国王开始,到现在,毛利人共有 8 位君主。其中第 7 代君主是毛利人历史上的第一位女王,名叫提·阿泰,于 2006 年 8 月 15 日去世,享年 75 岁。

毛利人国王与中国人民有着深厚的感情,其国王考洛克曾于 1957 年赠送给毛泽东主席毛利羽毛斗篷。新华网 2013 年 4 月 23 日以“新西兰毛利国王赠送毛泽东主席的斗篷在新展出”报道此事。全文如下:

“新西兰国家博物馆 23 日举行仪式,迎接由新西兰毛利国王赠送给毛泽东主席的毛利羽毛斗篷,到该博物馆展示。

为进一步加强中新两国的友好往来和文化合作,中国国家博物馆日前将珍贵馆藏展品、新西兰毛利国王考洛克 1957 年赠送给毛泽东主席的毛利羽毛斗篷,出借给新西兰国家博物馆用于展示和研究。

新西兰国家博物馆馆长霍利翰感谢中国国家博物馆多年来对该藏品的悉心呵护,感谢在各界努力下,斗篷能够重返故乡,使更多新西兰民众了解这段佳话。他表示,这件斗篷的展示将鼓舞新西兰人民,共创新中友谊更灿烂的明天。

新中友协全国主席列文斯通在致辞中说，50 多年前，新中友协会员不远万里将该斗篷赠送给新中国第一代领导人，他们是新中两国传统友谊的见证人和开创者。如今，两国关系日益密切，更多的新中友协会员和新西兰民众愿意为两国友谊的世代相传做出新的贡献。

中国国家博物馆代表陈禹表示，近年来，中国国家博物馆和新西兰国家博物馆保持着紧密合作。围绕这件珍贵斗篷的研究，两馆将互派专业人员进行学术层面的交流。

毛利斗篷是新西兰毛利文化尊贵和荣耀的象征。此次借展的斗篷由毛利电影人瑞玛于 1957 年随新中友协代表团访华时赠送给毛泽东主席。该斗篷将于 6 月至 10 月在新西兰国家博物馆展出，供新西兰民众参观。”

在毛利皇宫广场的一角耸立着一座新西兰军人的纪念碑雕塑。在纪念碑的基座上刻着“1898—1902，布尔战争”的字样，说明新西兰在此期间作为英国的殖民地，也派出了士兵协同英国人参与了南非的布尔战争。

“布尔战争”(Boer War)是英国人与布尔人为争夺南非殖民地而展开的一场战争。17 世纪，荷兰殖民者来到南非，南非成为荷兰人的殖民地。随后，葡萄牙、法国的殖民者也相继来到南非。这些殖民者的后裔被称为“布尔人”，是为南非的白人。19 世纪末，人们在南非的德兰士瓦共和国和奥兰士自由国先后发现世界上最大的钻石矿和金矿，引起了全世界的关注，同时也激起了大英帝国的殖民野心。为了吞并这些矿藏，英国人与布尔人的战争于 1899 年 8 月爆发。战争初期，英国军队因为人数不多，所以在强悍的布尔人面前多次遭受失败。但是在英国不断抵达的援军打击下，布尔人逐渐失去了战争主动权。10 月，英国人宣布取得了战争的胜利。但是，被打散的布尔人仍然继续进行抵抗，不断袭击英军。于是，英国人把布尔人强制关进集中营，2 万多布尔人，包括妇女儿童在集中营死亡。因此，布尔战争中的英国军队总司令基契纳成了英国的民族英雄，因为他为大英帝国夺取了新的殖民地和无数的宝藏。但是，直到基契纳将军凯旋回到英国时，英国人仍然没有完全控制住南非。在英国的近代史上，布尔战争是他们殖民史上最长的一次战争。

大英帝国当时号称为“日不落帝国”，是为世界上第一强国。而布尔人只是一些剽悍的农民，他们为了保卫自己的家园而进行殊死抵抗，不停地袭击英国军队。在1899年12月10日至15日，这个被称为“黑色星期”中，布尔人曾经三度重挫英国军队。后来英军大批援军从本土和殖民地陆续开往南非，英军先后两任总司令罗伯茨和基契纳相继来到南非指挥作战，占领了两个布尔共和国，布尔人才失败。即使这样，布尔人还躲藏在自己的农场里不断伏击英军。因此，英国军队将大批布尔人的农场烧毁，并将反抗者及其家属成批地送往集中营。

1902年，布尔人被迫投降，双方签订了“弗里尼欣条约”(Treaty of Vereeniging)，战争以英国的胜利而结束，被占领的两个布尔共和国成为大英帝国的一部分。1910年，南非联邦宣布成立。虽然布尔人首领斯穆茨等同意与英国人合作，但许多布尔人(即现在的南非白人)还是对英国人采取敌视的态度。在这场战争中，大约有7000名布尔人士兵死于战场，28000多名布尔人则死于英国人的集中营。在英国方面，也有20000名英国士兵战死。至于在这场战争中被杀害的南非黑人，则更是不计其数。

红木森林也叫“法卡雷瓦雷瓦森林公园”，在前面已经讲述，故不再重复。

我们参观的羊驼绒生产工厂实际上是为旅行团专门开设的购物点。这家羊驼绒生产工厂的规模不大，属于作坊式的。除了老板是新西兰人外，里面的工人和销售人员均是华人，其中还有在新西兰的中国留学生。老板的中文水平也相当不错。参观的目的主要是要我们购买他的产品。在销售小姑娘的鼓动下，童校长和魏主任各买了一床羊驼绒毯子，单价12000元人民币(可刷中国的银联卡)，外送一床羊毛被。

羊驼绒是羊驼所产的绒毛，又叫“阿尔帕克”。羊驼的主要产区是南美洲，其中以秘鲁的羊驼绒质量最为上乘。羊驼绒毛是极细几乎没有针毛的纤维，不像其他动物的纤维都或多或少有刺痛感。它可以与羊毛或其他的精纺纱线混纺，而且有比较好的绝缘性和保暖性。羊驼绒毛还具有丝绸般的光泽，在服装市场受到众多消费者的青睐。就保暖性来讲，它要比最优质的羊毛高出1/3。其耐磨度则是优质羊毛的4倍。强度不仅比羊毛更高，更重要的是它不起球。羊驼毛中不含油脂，没有异味，弹性好，不易变形，不滞水，抗辐射。羊驼毛的颜色品种多，其天然本色达22种之多，因此选择余地大，深受各国消费者的喜爱。

羊驼（Alpaca）属于偶蹄目骆驼科、美洲驼属动物，也叫作“美洲驼”、“无峰驼”。其外形有点近似于绵羊。羊驼一般生活在高原地带，目前世界上大约有300多万只，其中90%生活在南美洲的秘鲁及智利高原，其余分布在南美洲其他国家和澳大利亚与新西兰。羊驼的寿命可以长达20岁以上，公羊驼的体重可达75公斤，母羊驼的体重可达65公斤。羊驼最早起源于北美洲，祖先为原柔蹄类动物，是原驼和小羊驼杂交的后代。羊驼被人工驯养的时间已经超过了6000年的历史，他几乎与美洲印第安文明一样古老。在西班牙殖民者来到美洲后，许多羊驼与美洲土著居民印第安人一样遭到了屠杀而大量死亡。只有在不适宜人类居住的南美洲安第斯高原才保留了这个物种。2002年5月，我国首次从澳大利亚引进了23只羊驼，此后在新疆进行纯种繁育，扩大了种群，填补了我国羊驼养殖业的空白。

下午2点半，从罗托鲁亚乘车返回奥克兰。傍晚6点，经过3个半小时的旅程，回到奥克兰市，入住奥克兰美丽园龙都大酒店（RENDEZVOUS GRAND HOTEL AUCKLAND）。该酒店为准五星级酒店，交通十分便利，位于市中心。距离机场仅25公里，距离著名的奥克兰市政厅、简仓剧院、边缘艺术表演及会议中心、天空电视塔、皇后大街等都很近，只有10分钟左右的脚程。

6点半，我们前去用晚餐。晚餐地点，海皇·海鲜餐厅。该餐厅为华人所开,晚餐的菜肴品种十分丰富,有:烤鸭、扇贝、鲜鱿鱼、大虾、牛肉、海蛎、西芹、白菜等。我们几个本想喝点小酒,因为这一天跑的地方太多,比较辛苦,想解点乏。但是该餐厅的酒实在太贵。一打听,五粮液一瓶新币500元,折合人民币3300元;一瓶小糊涂神新币200,折合人民币1320元;一瓶牛栏山二锅头新币300元,折合人民币1980元。以我们的收入,实在是喝不起,因此,只好作罢。

晚上无事,与赵湘处长、魏书堤主任、邓玉久所长相邀去逛街,参观了著名的奥克兰皇后大街和天空赌城。

皇后大街是新西兰奥克兰传统的主要街道,是奥克兰最重要的黄金地段,也是新西兰最佳和最豪华的中央商业区。她汇集了奥克兰市所有购物商店及大型百货公司,是购物者的天堂。除了购物外,皇后大街也是细细品味奥克兰的现代与传统交相辉映的最佳选择。

在奥克兰,只有天空赌城是24小时营业的唯一场所,全年中只有圣诞节一天停业。天空赌城主要集中在天空塔的两层楼内,我们看的是一楼,为小赌,而二楼为豪赌,一般是不让人随便进入的。在天空赌城内,建有与之配套服务的五星级酒店、电影院和餐厅。据说,天空赌城自1995年建成营业以来,就一直是奥克兰最繁忙和最热闹的地方。它每年接待的来自世界各地的赌客和游客均在500万以上。

我们进入天空赌城的一楼大厅,只见人头攒动,密密麻麻。大厅里摆放着几十张赌桌,有:大小轮盘、大小点儿、二十一点(他们管叫黑杰克)、百家乐;甚至还有中国人常见的古老赌博方式牌九;以及我们从来没有见过、无法叫上名字的各种赌博方式,花样百出。在我的印象中,它比澳门葡京赌场一楼大厅里的赌博方式要多一些。在大厅的四周,则放有上千台的专吃硬币的"老虎机"。在赌场的大厅里,没有一扇窗户,立体声音响中,不断播放着刺激的摇滚音乐,使赌客们的情绪高涨,精神亢奋。偌大的一个赌场,你是找不到任何一只钟表或者表示时间的电子显示器,这种情况下,赌客们往往会忘记时光的流逝而专注于赌博事业。在大厅的前后均设有酒吧和咖啡厅,你可以到那里去喝上几盅,兴奋兴奋。如果你感到饥肠辘辘,则可以到赌场的餐厅就餐。要是你实在太困,也可以到赌场的酒店里去睡觉。天空赌城一切都为你安排好了,只要你有钱去赌城,所有问题都可以解决。

天空赌城是讲究文明和规矩的,进入赌城要求有绅士风度。如要求赌客们衣着整洁,凡穿短裤、拖鞋、脏球鞋、睡衣者一律不得入内。到了晚上,连穿运动服的赌客也会被婉言拒绝进入。在赌场大厅,是严禁吸烟的。除了大厅门口有几个彪形大汉注视进出的赌客和游客外,在赌场大厅中,还有不断巡逻的便衣保安人员,随时处理意外事件的发生。

很有意思的是,在天空赌城的大厅里,我们所看见的赌客面孔,80%的都是亚洲人,而其中华人又占据绝大多数。在很多赌点,都听赌客们讲的是中国话。我曾在一个二十一点的赌桌旁与几个留学生(因为他们来自湖南,是老乡,所以愿意和我说话)交谈过,据他们所说,来天空赌城的赌客群体中,约有40%是来自中国。此外,日本人、韩国人、印度人、阿拉伯人也是天空赌城的常客。像他们在新西兰的留学生,在周末或节假日,也时常来天空赌城玩几个小时。这种情况倒是和澳门葡京赌场相差无几,可能是中国人的天性中,有好赌的成分和基因,因为在这里的几乎每张赌桌上,都能听到讲中国话的。而赌城的工作人员中,也有近1/3的是华人,可能是专门为中国人而招募的吧。难怪我在与导游开玩笑时说,我来新西兰开一个麻将馆,教老外打麻将。导游说,那你会失业,因为老外的生活就是崇尚简单,脑子不想事,麻将对他们来说太复杂,是没有人会去学的,所以,麻将馆只能开在中国。新西兰本地人则多是在四周的老虎机上玩玩而已。我们在老虎机厅子里,就看到许多白发苍苍的老爷爷和老太太在专心致志地打老虎机。

我们4人因为对赌城的游戏规则不懂,也无什么兴趣,参观了个把小时,没有买码去赌几把。虽说是"小赌怡情、大赌伤神",但是赌博犹如吸食毒品一样,是会上瘾的,且难以戒掉。它让你在"怡情"的享受中,掏空你的钱包,吞掉你的家产,拆散你的家庭。赌场所关心的不是你的“怡情”,而是你的钱袋。在赌城不断吞噬和吐出钱财时,它自己却赚了无数的利润。据了解,奥克兰天空赌城的股票自发行以来,一直在上涨,它每年的纯利润均超过2亿新币(折合人民币达13亿多),每股的红利达到7毛多新币。

第七章

走近奥克兰

4 月 28 日,星期日,晴。

按照行程安排,今天是进行奥克兰市区考察。

第一节　走近奥克兰

奥克兰(Auckland)是新西兰最大的城市,位于新西兰北岛的北部。在毛利语中叫“Tamaki - makau - rau”,意为“纯洁的少女和 100 个情人”。以前的老华侨则将它译为“屋仑”。奥克兰又被称为“风帆之都”(City of Sails)和“皇后之城”(Queen City)。奥克兰之名来自于新西兰的首任总督威廉·霍布森(William Hobson),他以当时英国海军大臣、印度总督奥克兰伯爵乔治·伊登(George Eden,1784—1849 年)的名字来命名这座城市。

奥克兰的原始居民为毛利人。公元 1350 年,毛利人从太平洋的波利尼西亚群岛中的库克岛向南迁徙,他们举族划着独木舟在海上与波涛做斗争,历经艰辛,航行了 3200 多公里,来到了这片盛产长嘴无翼、土地肥沃、植物茂盛的美丽土地上,是为奥克兰这片古老土地上的最早居民。在西方殖民者发现澳洲和新西兰之前,奥克兰居住着大约 20000 多毛利人,他们过着宁静而和平的生活。

随着欧洲人的到来,这种宁静被打破。欧洲人在发现澳洲和新西兰的同时,也将西方的火器带到了新西兰。新式火器的进入,导致了毛利人部落之间战争的爆发以及不断升级。一些力量相对弱小的部落被迫从沿海地区向山区迁徙,以保存自己的部落。因此,当西方人准备在此建立殖民地时,毛利人各个部落已经是非常分散居住了。以至于在欧洲人的移民时期,奥克兰的毛利人急剧减少。当时的两个毛利人主要部落为纳提瓦图(Ngati Whatua)和泰努伊(Tainui)。现在我们在奥克兰的郊区仍然可以看到不少毛利人的堡垒式遗址,如伊甸山(Mount Eden)、独树山(One Tree Hill)等。

1769年,英国著名探险家的詹姆斯·库克船长来到了奥克兰地区,但是他没有进入到怀特玛塔港(Waitemata Harbour)和豪拉基湾(Haurraki Guif)。直到1820年,英国人撒姆尔·马斯丹才发现了现在奥克兰的中心地带。1840年2月6日,威廉·霍布森海军上尉被英国政府派到新西兰与当地的毛利人酋长们签订了《怀唐伊条约》后,奥克兰这片土地就被英国政府用6英镑的价格买了下来。威廉·霍布森选择了奥克兰作为这块新的殖民地的首府。只1年时间,就有2000多名英国移民来到奥克兰,在这里进行开垦。据说,有一种玩笑的说法是,英国政府只用了50个床单、20件长裤、20柄小斧、10件背心、10个帽子、10个铁锅、4木桶烟草、1箱子烟斗、一包糖和面粉就把奥克兰给买了下来。

《怀唐伊条约》(Treaty of Waitangi)签订后不久,新西兰的首任总督威廉·霍布森决定在这里建立首都,并以大英帝国印度殖民地总督奥克兰的名字来命名这座新的城市。于是,奥克兰成为新西兰历史上的第二任首都(《怀唐伊条约》签订后,英国人最初是以新西兰北部地区小镇拉塞尔 Russell 为首都)。但问题是,奥克兰位于新西兰北岛的北方,和新西兰的南岛相距甚远,因此长期引起了南岛居民与权贵们的不满。与此同时,新西兰北岛南部库克海峡东北岸的尼科尔森港(Port Nicholson)迅速发展起来,当时称为“不列颠尼亚”,意为英国的地方。后来以英国著名的海军大将、滑铁卢战役的胜利者惠灵顿公爵(Arthur Wellesley,Ist Duke of Wellington,1769—1852)命名这座城市为“惠灵顿”。惠灵顿的原意为“神圣的林间空地”。经过南岛居民的长期争议后,英国政府最后决定将新西兰殖民地政府首都由北岛北部的奥克兰迁到北岛最南端的惠灵顿。1865 年 7 月 26 日,惠灵顿正式成为新西兰的首都。

尽管如此,奥克兰仍然是新西兰的第一大城市,新西兰工业、商业和经济贸易的中心,是新西兰事实上的经济首都。新西兰最大的国际机场是奥克兰国际机场;最大的集装箱码头在奥克兰;新西兰全国约 46% 的进口物资和约 25% 的出口物资是在奥克兰港口进出;奥克兰是新西兰最大最繁忙的商业金融中心,新西兰的股票交易所和绝大多数大银行的总部设在奥克兰;奥克兰还是新西兰最著名的旅游城市,以“风帆之都”闻名世界。因为奥克兰的市民酷爱驾船扬帆出海,醉心于“3B”活动,即海滩、划船和烧烤。他们会抓住一切机会,成群结队地奔向附近的海滩或港口,随身携带野炊用具和啤酒。而每年 1 月在怀特玛港举行的帆船比赛,千帆并举,扬帆奔驰,更是奥克兰的一大盛景。全世界最重要的跨国公司都在奥克兰设有办事处。因此,它虽然失去了政治首都的地位,但却一直是新西兰的经济首都。

奥克兰虽然幅员广大,但人口并不多,不到 140 万人。但这在新西兰已经是超大城市了,因为它占新西兰全国总人口的 1/4 强。在奥克兰的人口比例中,欧洲人占 61%,亚洲人占 20%,其他种族占 19%。一般来说,在新西兰的中国移民和留学生,有 70% 左右是居住在奥克兰的,这也就是我们在奥克兰期间到处可以看到中国人的原因。

奥克兰还是一座美丽的花园城市,它的旅游业十分发达。市内的景点有阿尔伯特公园、独树山、奥克兰狮子园(南太平洋最大的野生动物园)、彩虹仙境(新西兰最大的游乐场)、海底世界以及现代博物馆、战争纪念馆、美术馆、公共图书馆、公共体育馆等。

在文化方面,博物馆和艺术馆有:

1. 奥克兰博物馆(Auckland Museum)。位于奥克兰公园内,是一座收藏历史和民族文物的博物馆。该馆为一哥特式建筑,馆内陈设的藏品十分丰富。博物馆为三层,第一层主要以展示新西兰毛利文化为主,有毛利人独特的民族手工艺品以及毛利人古代的建筑和实物;第二层为各种动植物的资料和标本,其中最引人注目的是恐鸟(Moa)的遗骨;第三层展示的是两次世界大战使用过的武器等。在博物馆的前面耸立着一座雄伟高大的阵亡将士纪念碑,每年的4月25日,即"奥新军团日",都要在此举行隆重的悼念仪式。

2. 奥克兰战争纪念博物馆(Auckland War Memorial Museum)。在这里最重要的纪念品是全世界最精致、最重要的毛利珍宝——"塔翁加"(Taonga)。

3. 新西兰国立海事博物馆(New Zealand National Maritime Museum)。该博物馆位于奥克兰维亚达克特湾(Viaduct Basin),有新西兰的远洋史展览,主要展示了新西兰1000多年来的海事历史。里面展出的有在美洲杯帆船比赛中打败东道主美国队勇夺冠军的参赛船,它代表着新西兰的骄傲。同时我们还可以看到经过传统工艺修复的古代船只和它们扬帆航行的情形,以及有关美洲杯帆船竞赛历史的陈列展览。每逢周二、周四、周六和周日的中午,都会有航行游戏。

4. 豪威克历史村(Howick Historical Village)。主要是展示欧洲移民在新西兰早期殖民时期的定居生活。

5. 奥克兰市美术馆(Auckland City Gallery)。主要珍藏着新西兰以及世界上的一些艺术珍品。

奥克兰主要的文化节日有:

1. 奥克兰国际文化节(Auckland International Cultural Festival)。在每年的二月份,为了展现奥克兰多元文化的色彩,都会举办为期一周的文化庆典。在文化节里,每天都有不同的节目演出。

2. 奥克兰爵士音乐节。每年的四月都会在Waiheke岛上举行的奥克兰爵士音乐节,主要是以爵士乐为主题展开的一连串的庆祝活动,全世界喜欢爵士乐的音乐家都会聚集在这里,彼此交流经验,轮番上阵演出。节日期间,整个奥克兰都充满着音乐的气息。

奥克兰的公共假日有:

1. 元旦节(New Years Day),1月1—4日。

2. 国庆节(Waitangi Day),2月6日。

3. 复活节(Good Friday,Easter Monday),4月的正数第一个星期五到第二个星期一。

4. 澳纽军团日(ANZAC Day),4月25日。

5. 女皇诞辰纪念日(Queen Birthday),6月6日。

6. 劳动节(Labour Day),10月24日。

7. 圣诞节(Christmas Day),12月25—27日。

1989年,奥克兰与我国的广州市结为友好城市;1995年,奥克兰港与中国上海港结成姊妹港。此外,奥克兰与我国的桂林、宁波、青岛、成都等城市也结为友好城市,与台湾的台中市同样也结为友好城市。

很有意思的是,位于美国西海岸的加利福尼亚州的城市Oakland在中文里也被翻译成"奥克兰"。这样,就出现了两个奥克兰:一个是新西兰的奥克兰(Auckland),一个是美国的奥克兰(Oakland)。美国的奥克兰市是美国加利福尼亚州的第四大城市,地处旧金山海湾地区中心,是全美国第六大都市区"旧金山——奥克兰"地区的心脏。奥克兰西临旧金山湾,与旧金山隔海相望。与新西兰的奥克兰一样,它也有一座跨海大桥——"奥克兰海湾大桥",用来连接奥克兰市与旧金山市,只不过是该大桥比新西兰奥克兰的海湾大桥兴建得要早,是1936年兴建的。"奥克兰"(Oakland)一词是英文"橡树之地"的音译,因为这里最早是旧金山湾东部沿岸的一大片美丽的橡树林,城市兴起后,便以此命名。现在,奥克兰市的市徽就是一棵橡树。

美国奥克兰的兴起是与淘金热密切联系在一起的。19世纪40年代后期,在旧金山地区发现金矿,吸引了世界各地人们来到这里开采,形成了淘金热。1852 年在这里设镇,1954 年由于人口的膨胀而改设市,1869 年它成为美国中央太平洋铁路(现在称为南太平洋铁路)的西部终点。奥克兰的最初开拓者们选择的就是它良好的地理位置,这里是圣安东尼奥河的内港和旧金山湾的入口,当港口发展之后,这里的商业和工业也迅速发展起来,城市也不断扩展。到了 20 世纪初,奥克兰的南面已经与旧金山和太平洋连为一体。第二次世界大战期间,由于军需工业,特别是军事造船业的大量涌入,使奥克兰的工业制造业更加突飞猛进。造船业在奥克兰的兴起,带动了工业、交通和文化的发展。它主要的工业有电动设备、玻璃、化学、数控机械、儿童食品、汽车以及生物制药。美国陆军和海军的大兵营和补给站也设在奥克兰。"二战"以后,在奥克兰,汇集了美国许多重要机构的总部以及全美和国际公司驻奥克兰的分部,它成为美国西部的一个中心城市。

美国奥克兰的交通发达,是美国西部交通运输体系的中心,拥有三条横跨北美大陆铁路的终点(南太平洋铁路、西太平洋铁路和圣大菲铁路);拥有世界上最好的高速公路网。奥克兰港则是世界上最好、最美的自然深水港之一,是美国太平洋沿岸首屈一指的集装箱港,在全美排名第二。

在美国奥克兰,有着风光秀丽的梅里特湖,它是美国城市中唯一有潮汐的咸水湖;有奥克兰动物园,它饲养着 200 多种鸟类、爬行动物和哺乳动物,并采用人造"非洲草原"的办法,让动物以野生方式放养;有闻名遐迩的杰克·伦敦广场,是为纪念世界著名作家杰克·伦敦(Jack London,1876—1916)而修建,有关他的生平、故居等大量资料和图片则保存于奥克兰的图书馆;奥克兰还有全美 3 支职业球队,都是以奥克兰·阿拉米达竞技场为主场:NBA 的金州勇士队(2015 年 6 月 17 日,金州勇士队在季后赛总决赛中以 4∶2 的总比分击败了克里弗兰骑士队,时隔 40 年后再一次获得 NBA 职业联赛总冠军)、职业美式足球的奥克兰突袭者队、美国职业棒球的奥兰克运动家队。

美国的奥克兰市与我国的辽宁大连市和四川绵阳市结为友好城市。

第二节 伊甸山与海湾大桥

早7点半吃早餐,9点准时出发进行市区考察。

一、伊甸山

上午考察的第一站为奥克兰市区最高的伊甸山(为一火山,在奥克兰,共有各种火山40多座)。

伊甸山(Mount Eden)位于新西兰奥克兰市中心以南约5公里处。它是一座死火山,形成于2万—3万年以前。伊甸山高196米,是奥克兰陆地火山带中最高的火山,也是奥克兰城市最重要的象征之一。据说,伊甸山火山喷发时所吐出来的岩浆覆盖面积多达近6平方公里;它所喷发的岩浆高达1亿6千万立方米,可以装满32400个奥林匹克标准游泳池。

在伊甸山的山顶上设有瞭望台,视野十分开阔。在这里,你可以俯瞰整个奥克兰市区的全景以及奥克兰的两大港湾怀特玛塔港(Waitemata Harbour)和豪拉基湾(Haurraki Gulf);在这里,你可以欣赏到令人惊奇的火山口遗迹,锥形的火山口就在你的脚下。我们参观的时候,在火山口的底部,不仅有着大批的牛群和羊群在那里悠闲地吃草,还有许多小朋友在那里高兴地搬动火山石头摆成各种图案和拼写单词,一幅都市村庄农家乐的场景。在伊甸山顶上,有一个标志牌,上面写有世界各国一些大的首都距离此地的公里数。如:北京,距奥克兰10407公里。此外,在伊甸山,你还可以参观到12世纪时新西兰土著居民毛利人要塞的遗迹。

伊甸山在奥克兰是一个标志,也是旅游者必看的地方之一。然而,对我的印象似乎不深,也没有什么东西可看,更不用说有什么东西使人流连忘返的了。除了看火山口外,似乎没有什么亮点。真正使我感兴趣的倒是成群结队的牛群与羊群,它们可以自由自在地在公园、景点过着与草场、牧场一样的生活,没有人为的干扰,人与自然、动物与自然,都是处于和睦而和谐的氛围之中。

二、海湾大桥

第二站为奥克兰海湾大桥(Auckland and Bay Bridge)。奥克兰海湾大桥位于奥克兰最为繁华的港口——怀特玛塔港海港,是为了连接怀特玛郊区和港湾而兴建的。大桥总长达 3.2 公里,其中主桥长 1020 米,主跨长 244 米。该大桥建于 1959 年,由英国公司设计。由于经济的发展迅速,奥克兰海港贸易的繁忙,每天经过海湾大桥的车辆达到 11 万台,使得原来的四车道大桥不堪重负。1969 年,新西兰政府聘请日本专家对大桥进行改造设计,日本设计师们对海湾大桥的两侧进行扩建,变成 8 车道。新增加的车道因此被称之为"日本增加道"或"日本夹",从而使大桥的通行能力增加了 1 倍以上,解决了海湾大桥的交通拥挤问题。现在,该桥还根据早晚交通流量的不同,采取了自动移动中央分离带的运行机制。在大桥的下面桥基上,镶刻着两块铜制碑石,一块记载着日本人修建此桥的情况,一块描述新桥结构与设计以及立体的图形。

奥克兰的海湾大桥,旧桥宽 13 米,新桥宽 35 米;旧桥桥面净高 64 米,桥下净空 43 米;老桥为钢桁架悬臂梁,新桥变为变截面连续钢箱梁;新桥的基础直接设于旧桥的基础之上。桥内设有电缆、煤气管道、自来水管等。其中电缆盒为木质结构,至今保存完好无损。大桥的基础采用沉井式,20 米深。旧桥用钢量为 5893 吨,新桥用钢量为 8636 吨,总计用钢量达 14529 吨,虽然只有澳大利亚悉尼海湾大桥用钢量的三分之一强(悉尼海湾大桥用钢量为 5.28 万吨),但所用的钢材量已经是相当大了。该大桥南引桥长 1971 米,北引桥长 1419 米。大桥两次建造的工程总造价为 3000 万新西兰币,除了政府投资外,主要靠收取过桥费还贷。1984

年,所有建桥欠贷还清后,取消收费。

奥克兰的海湾大桥相比其他海湾大桥来说,有5个特点:

1. 大桥是由新桥和旧桥两部分组成,两桥有机地融合在一起,整体上就是一座桥。新桥就直接地架设在老桥的基础之上,但采用了不同的结构形式和体系。

2. 该桥的车流量特别巨大,据导游说,目前每天的车流量已经超过12万辆。因此,为了适应不同车辆高峰流向而设置了自动可移动护栏,每天早晚根据车流量来适时调整双向车道数:上午南5北3;中午南4北4;下午南3北5。

3. 由于该大桥处于南太平洋地震带多发区,所以大桥抗震设计为主要控制荷载,结构上均采用了铰接节点;在新、旧桥之间横向设置拉杆。这也是它的用钢量大大低于悉尼海湾大桥用钢量的重要原因之一。

4. 在新桥的钢箱内没有(是设计疏忽还是其他什么原因?)安装除湿系统,因此每10年就需要进行一次大修,钢材料表面的涂层采用的是美国生产的Wasser涂料,所以保养费用昂贵。

5. 有人说,该大桥是新西兰著名的豆腐渣工程。在旧桥的修建过程中,是从两边向中间修建的,结果出现错误,没有合龙成功,最后是费了九牛二虎之力,也不知采用了什么办法才使得大桥合龙成功的。

据导游讲,1999年9月13日,中华人民共和国国家主席江泽民参加在新西兰奥克兰举行的亚太经合组织(Asia - Pacific Economic Cooperation,简称“APEC”)领导人非正式会议第7次会议,当时中央电视台的新闻主播邢质斌就是以奥克兰的海湾大桥作为背景进行新闻直播的。这次会议最后通过了《亚太经合组织经济领导人宣言:奥克兰挑战》,并批准了《亚太经合组织加强竞争和法规改革的原则》和《妇女融入亚太经合组织框架》等文件。

第三站为怀特玛塔港(Waitemata Harbour)和怀特玛塔码头。怀特玛塔港和怀特玛塔码头就在奥克兰的海湾大桥下面,海湾大桥穿越了怀特玛塔港。

怀特玛塔港是奥克兰城市的主入海口，因此人们也常常称它为“奥克兰港”。该港口位于新西兰东边的海岸线上，几乎环绕着整个奥克兰市，北面和东面为奥克兰地峡包围，南面与马努考港相接，占地面积达到70平方英里。怀特玛塔港不但连接奥克兰码头和奥克兰海滨，沟通太平洋和豪拉基湾，同时也受到北面的北岛城、朗伊托托岛和怀赫科岛的保护，从而使它成为一个天然的优良避风港。“怀特玛塔”来自于新西兰土著居民毛利语。最早来到奥克兰的毛利人，他们在港口看到闪闪透亮的海水，就把港口描述成“如宝石般闪烁的海洋”，因此取名为“怀特玛塔”。

早在英国殖民之前，怀特玛塔港就已经是重要的船舶停靠点，因为港口受到朗伊托托岛和怀赫科岛的保护，没有风浪，也没有影响船只靠岸的浅水区。成为大英帝国的殖民地后，在短短的几十年欧洲移民的发展中，殖民者对港口进行了一系列的填海工程，推动了奥克兰地区的经济发展。在20世纪初，殖民政府当局就计划把毛利人位于奥克兰地峡上的几条陆运小河流，进一步开发成沟通怀特玛塔港与曼努考河之间的运河系统。因此，在1908年，殖民政府颁布了《奥克兰及曼努考河道法案》，允许私人通过向政府申请，取得对运河系统的开发利用权利。但是，一个多世纪过去了，从来就没有取得过什么明显的成效。因此，2011年11月1日，新西兰政府宣布废除《奥克兰及曼努考河道法案》。

奥克兰素有“帆船之都”和“千帆之国”的美誉，这在怀特玛塔港得到了充分的印证。在怀特玛塔港，你见到的是一片风帆的海洋，各种小船、帆船、游艇、油轮与巨大的现代化货轮等竞相争奇斗艳，万柱擎天的船舶桅杆，组成了一幅壮观而美丽的图画。据说，奥克兰所拥有的帆船和游艇数量为全球之冠，平均每3个家庭（8人）就拥有一艘帆船或游艇。大约有7万艘帆船和游艇停泊在怀特玛塔港，密密麻麻如无数白色的星光洒落在蓝色碧波的海洋上，煞是“万舸争流”的气象。根据介绍，在奥克兰，安置在怀特玛塔港的每艘帆船或游艇，每年的停放租金就达到1万多新西兰元(相当于人民币 6 万多元),这还不包括船只的保养、用油、用漆以及税收等其他相关费用。这一方面证明了奥克兰人对帆船的特别爱好,另一方面也说明了奥克兰人在经济上的富有。

作为"帆船之都",奥克兰人是有着强烈自豪感的。2000 年和 2003 年,曾在奥克兰的怀特玛塔港举办过两次美洲杯帆船竞赛,许多帆船爱好者、运动员、富豪们从世界各地云集于此,参加或是观看这场世界上最豪华、最昂贵的海上运动超级世界杯。美洲杯帆船赛是世界上帆船赛事中影响最大、声望最高的赛事。它与奥运会、世界杯足球赛、世界一级方程式赛车并称为世界范围内影响最大的四项传统体育赛事。美洲杯帆船赛事由美洲杯管理公司(ACM)进行具体管理,它的电视转播已经覆盖全世界 200 多个国家和地区,其观众累计达到 29 亿人之多。2013 年的美洲杯帆船赛事定在西班牙的瓦伦西亚举行。

奥克兰人之所以骄傲和自豪,是因为新西兰人曾经在美洲杯帆船竞赛中两次获得冠军。1995 年,在美国圣地亚哥的美洲杯帆船竞赛决赛中,新西兰帆船队以 5∶0 击败东道主、上届冠军美国队,荣获冠军。消息传来,整个新西兰为之沸腾,新西兰帆船队的勇士们一时成为民族英雄。因为自美洲杯帆船赛事举办以来,历届冠军均是由美国人所垄断,新西兰队是第一支击败超级强国美国队的队伍,创造了历史奇迹,打破了美国队不可战胜的神话。新西兰人们为英雄的帆船队员们举行了盛大的欢迎仪式,并狂欢一周以示庆祝。2000 年,在奥克兰举行的美洲杯帆船竞赛中,新西兰队又以 5∶0 的比分击败了挑战者意大利队,成功卫冕,蝉联冠军。2003 年,同样是在奥克兰的美洲杯帆船竞赛中,新西兰队以 0∶5 的比分惜败于挑战者瑞士队,屈居亚军。在美洲杯帆船竞赛的历史上,美国队是超级巨无霸,共获得 29 次冠军。新西兰队居第二,获得两次冠军。瑞士队居第三,也获得两次冠军,但是在新西兰之后,因为最早打破美国队垄断的是新西兰队。澳大利亚队居第四,获得过一次冠军。

在怀特玛塔港和怀特玛塔码头,除了森森桅林的帆船外,还有一些工业时代的遗迹和遗物，如巨大的锈迹斑斑的齿轮、斑驳离离的烟囱、沉重的铁锚、矿井的推车、各种造型的车床，等等。它们是从废弃的工厂中运来安置在港口码头的，供人们参观和凭吊，缅怀那个时代，追溯人类的历史，憧憬美好的未来！

在怀特玛塔港，因为是周日，奥克兰的市民来此驾游艇出海、驾帆船出游的人很多，码头上停放的车辆十分拥挤。此外，来港口散步、跑步、休闲、钓鱼的也不在少数。我们在参观时，碰上一位奥克兰的市民正在遛狗，两只巨大的爱斯基摩犬，大的样子已经到了使人惊恐的程度。据主人介绍，这两只爱斯基摩犬为一公一母，公犬的体重 60 公斤，体长 1.6 米；母犬的体重 45 公斤，体长 1.5 米。虽然这两只爱斯基摩犬长相巨大，却和它的主人一样可亲可爱，招人喜欢。你可以和它在一起握手、抚摩和拍照，也可以去抱抱它，它绝不会向你吼叫和发脾气的。我们和一些游玩的小朋友一样，都和这两只爱斯基摩犬一起拍了照，也抚摩了它那如缎如锦的毛发。在怀特玛塔港口码头钓鱼的市民，其主要目的不是在于钓到还是未钓到鱼，而是在于休闲、晒太阳、调整心态和放松身体。我所见到的一对老年夫妻，年龄都在 60 岁以上，每次钓到鱼之后，又把鱼儿重新扔回大海，让它们自由地在大海里畅游。

第三节　独树山与皇后大街

中午，在富丽华海鲜大酒店就餐。该酒店依旧为华人所开，依旧是生意十分红火。在富丽华海鲜大酒店吃的是自助餐，内容十分丰富，山珍海味一应俱全，口味也不错。唯一美中不足的就是人太多，除了来自中国的游客外，本地的华人和老外也喜欢来此就餐。一方面你得等或者抢座位，不然就无法就餐；另一方面你吃饭时所面对的面孔都是陌生人，只能埋头吃饭，不好与人对视和交流。

一、独树山

下午考察肯威尔公园(Cornwall Park)。肯威尔公园位于奥克兰的北部,伊甸山的东南方向,与伊甸山一样,是一个死火山公园。因山顶只有一棵罗汉松,故人们又称为“独树山”。据导游说,肯威尔公园是为了纪念新西兰首任工党总理肯威尔而建。但是,经过考证,新西兰首任总理为亨利·色威尔(Henry Sewell,1807—1879,1856 年 5 月 7—20 日担任新西兰总理);首任工党总理为迈克尔·约瑟夫·萨瓦奇(Michael Joseph Savage,1872—1940,1935 年 12 月 6 日—1940 年 3 月 27 日担任新西兰总理),没有一位总理叫肯威尔(Cornwall)的;即使在新西兰历任总督的名单上,也没有一位总督叫肯威尔(Cornwall)的,不知何故。是否为色威尔(Sewell)之误?

独树山大约为 3 万年前火山喷发后留下的遗迹,占地面积约 120 公顷,高约 183 米。这里曾经是土著居民毛利人的居住地,现在还可以看到大面积的 17—18 世纪毛利人部落的痕迹。据说,独树山以前是有着茂密森林的,因为当地土著居民不满意欧洲人侵占了他们的土地,在反抗无力的情况下,便将自己满腔的怒火发泄在独树山上。他们经常在深夜偷偷地将山上的树木砍倒,进行破坏。在毛利人的砍伐下,整个独树山只剩下山顶的最后一棵罗汉松。因此,人们便将此山称为“独树山”。实际上,山顶上最后一棵树也不是毛利人刻意留下来的,只不过是一方面英国殖民政府下令对独树山的树木严加保护,另一方面山顶上这棵树偷砍几次都没有成功,所以毛利人只好放弃。看来,这也许是天意吧。根据有关记载,独树山顶这棵罗汉松于 1852 年最后被欧洲白人砍掉后,很惊奇的是,人们曾经用许多办法尝试种植各种树木来代替以前的罗汉松,最后均是以失败而告终,因此成为奥克兰当代人们的一大遗憾。现在,有人将独树山称之为“无树山”,因为山上已经没有任何树木了。独树山无论是从名字也好,还是外形也好,在世界上都可以称为独一无二的。

1912 年 6 月 22 日，奥克兰城市的创立者，被称为“奥克兰之父”的约翰·罗根·坎贝尔爵士(Sir John Logan Campbell)去世后，遗嘱要在独树山顶部建造一座纪念碑以表示对毛利人的敬意。这座方尖纪念碑于 1940 年建成，现在高高地耸立在独树山的山顶上，成为独树山的标志。

独树山现在虽说是没有树木，但却是绿草芳菲。火山口锥形的锅底和斜坡上，无数只绵羊在那里安静的吃草和栖息。草地上甚至于路边和人行道上，到处散落着羊群拉的粪便，人们不加也不需要进行清理，因为它是天然的有机肥料。登山的路上，到处是步行的、跑步的人们，而更多的则是骑自行车和各种经过改装的富有个性的摩托车的登山者；有外地来的游客忙于拍照，而更多的是本地市民在此休闲，他们铺上一块帆布，躺在绿油油的芳草中与羊群、羊粪为伍，充分地享受着日光浴，享受着大自然。

二、皇后大街

考察完独树山后，导游拉我们一行人去奥克兰著名的皇后大街参观和购物。皇后大街是奥克兰市最繁华的商业区，不但物品齐全，而且购物环境十分雅静，很少有国内购物广场以及超市的那种嘈杂的声音。既没有大炮筒的音响，也没有导购员和售货员的高声吆喝，更没有顾客的大声喧哗。给你的感觉是在陈列馆的展厅里参观工艺品一样，有一种美的享受。因为本人没有购物任务，我们是公务团，也不需购物安排，所以我只能作为一位参观者的身份进行商品的欣赏。我们去的商店为一家免税商店，可能也是专门为中国游客服务的缘故，商店的服务员绝大部分是为华人，即使是老外，也能说一口流利的汉语。在此商店购物，无须自己带着走，你拿上小票，在机场过了安检之后，直接到机场候机大厅里的免税商场去提货就行了，因为他们是连锁的。只要你看中，只要你肯掏腰包，服务没得说，一切都 OK。

免税商店一般来说，商品还是比较高档的，小商品还得去小一点的特产店。于是导游拉我们到了一家特产商店——“百盛”购物，从商店名称就知道是中国人所开。果然不出所料，商店老板娘不但是华人，而且是老乡，从一口浓浓的湘味普通话中就可以听出。一打听，原来是娄底人，是与老公一起到新西兰留学，毕业后就定居下来了。从 1998 年到新西兰，迄今已有 15 年，小孩都生了 3 个。百盛商店似乎是专门为来新西兰旅游的华人所开，我们所需要的东西，这里基本上是应有尽有，而且服务也比较周到。可以为你托运、邮寄和打包。因此，我们一行在这里购买的商品也比较多，大家可以说是满载而归。

晚餐安排在金海湾海鲜大酒店就餐，该酒店也是华人所开，吃中餐。因为特色不鲜明，所以没有留下太多的印象。

晚上仍然入住奥克兰美丽园龙都大酒店。无事，再与赵处长、魏主任、邓所长四人去逛大街，到处溜达。由魏主任带路。因为 20 世纪 90 年代，魏主任大学毕业后在南海舰队服役，当时分配在一艘海洋测量船，实际上是海洋监听船上工作。出外时均穿便服，回国才穿军装。他们去过澳大利亚和新西兰的一些主要港口和码头，在新西兰的奥克兰港口待过一个星期，进行燃料和物资的补充，因此，对奥克兰的主要街道应该是很熟的了。据他所讲，有一次去悉尼港补充物资，曾受到反华势力人士的阻挠，说是中国的间谍船，不让进港，以至于在海上多待了一天才得以进入悉尼港。然而奇怪的是，魏主任的方位感并不是太好，我们四人中只有我的方位感是最好的，一方面是习惯问题，因为我每到一地，总是喜欢观察当地最有代表性的建筑和标志；另一方面是开车时间长了，具有司机的职业习惯和天然的方向感。所以，魏主任当年买商品的商店（是台湾人开的，据他说，给他印象最深的是小老板娘，所以还想看看），他带我们转来转去总是找不着。最后还是我给找到的，只可惜已经打烊。

第八章

走近新西兰国立理工学院

4月29日,星期一,晴。

按照行程安排,今天是公务活动,考察新西兰国立理工学院(Unitec),双方进行合作交流。

今天也是澳大利亚、新西兰之行的最后一天和最后一站。所以,8点吃早餐,8点45准时退房,9点出发,行李则寄存在酒店。同样是换上正装,打上领带。

第一节　走近新西兰国立理工学院

9点40分,我们到达新西兰国立理工学院校园内的12号楼,因为预定见面的时间是10点,联系者兼翻译杨先生也还未到,所以我们一行在校园里参观,欣赏校园风光。

10点,在12号楼的小型会议室,新西兰国立理工学院国际部的负责人罗格·马修斯先生(Roger Matthews)通过杨先生向我们大致介绍了一下新西兰高校与新西兰国立理工学院的基本情况。

一、新西兰的大学

新西兰有共8所大学:

1. 奥克兰大学(The University of Auckland)。奥克兰大学始创于1883年,是一所具有140年历史的百年老校。1882年,新西兰议会通过了建立奥克兰学院的法案,是为建立奥克兰大学最早的法律文件。1883年5月21日,奥克兰学院正式举行开学典礼,宣布奥克兰学院将向一切人、一切阶层的男女开放,是一个完全民主的高等教育机构。当时,设有经典文学与英语、数学、自然科学、化学与物理等4个教授讲座。1958年正式改名为奥克兰大学。

奥克兰大学是新西兰综合排名第一的大学,也是新西兰最大的一所从事教学与科学研究的大学,同时也是拥有最多专业的综合性大学,是南半球顶尖大学中实力最强、认可度最高的大学之一,所以被誉为新西兰的"国宝级"大学。奥克兰大学是全球从事研究工作的大学组织——"University21"的成员,它的商学院是为数不多的被AMBA、AACSB、EQUIS三大国际商管认证机构认证的大学。奥克兰大学共有7个校区和3个教学点,下设8个学院:文学院(Faculty of Arts);商学院(Business School);设计及人文科学学院(National Institute of Creative Arts and Industries,全国艺术创作和产业研究所?);教育学院(Faculty of Education);工程学院(Faculty of Engineering);法学院(Faculty of Law);医学院(Faculty of Medical and Health Sciences,医学和健康科学学院?);自然科学学院(Faculty of Sciences,理学院?)。可以提供140多个专业的学位证书课程。此外,还有一个神学院。奥克兰大学现有教职员工4200多人,学生41000多人。其中本科生31000多人,硕士研究生7000余人,博士研究生1300多人,6500多名留学生来自于世界100多个国家和地区。目前,在世界大学排名中,位列综合第83位。

2. 奥克兰理工大学(Auckland University of Technology)。奥克兰理工大学原名奥克兰理工学院(Auckland Institute of Technology),简称"AIT",建于1895年,也是一所百年老校。2000年,新西兰政府正式批准升格为大学,拥有了从学士到博士的学位授予权。奥克兰理工大学在奥克兰市拥有3个校区,教职员工3000余人,学生32000多人,其中留学生3000多人,分别来自全世界的52个国家。开设的专业有70多个,其中艺术设计、创意技术、计算机与数学科学、教育学、工程学、保健科学、酒店与旅游管理、语言和社会科学、法学、自然科学、体育与娱乐等专业招收博士生。

3. 怀卡托大学(University of Waikato)。怀卡托大学成立于1964年,位于新西兰的第四大城市汉密尔顿(Hamilton)。此外,在奥克兰还拥有一所分校。它是新西兰最现代化和最具有创新精神的大学之一。该大学目前拥有学生13000余人,其中留学生2500余人,分别来自全世界70多个国家和地区。怀卡托大学的教育学、计算机科学、管理学和理科专业等处于新西兰大学的相关领域的前列,它在新西兰各大学排名第一的专业有:商业、通信、新闻媒体学、音乐、文学艺术与其他艺术、化学、计算机科学、生态学、进化与行为科学、生物学、数学、教育学。怀卡托大学是新西兰大学中唯一一所提供计算机及数理科学学士学位课程的大学,它的全部学位课程均获得世界各地所有大学的完全认可。目前,怀卡托大学设有7大学院或学部:怀卡托管理学院;人文与社会科学学院;理工学院;计算与数学科学学院;教育学院;毛利族与太平洋发展学院;法学院。

4. 梅西大学(Massey University)。梅西大学建立于1927年,是新西兰规模最大的大学之一,也是新西兰唯一一所真正的全国性大学,目前拥有36000多名学生。梅西大学共有3个校区,主校区位于新西兰的北帕默斯顿市(Palmerston North),其他两个校区,一个为奥尔巴尼分校区,在新西兰最大城市奥克兰市;一个为惠灵顿分校区,在新西兰首都惠灵顿(Wellington)市。梅西大学拥有新西兰最大的商学院,所毕业的学生由全球最具权威的商学院与会计的非政府认证机构——美国管理商学院联合会(AACSB)正式认证。该大学每年招收和培养的博士生数量一直居新西兰各大学之首。建校80多年来,它始终位列新西兰大学的前三位。

梅西大学是以农学起家的。1926年,作为新西兰大学的第六所学院——新西兰农学院在北帕默斯顿市成立,它是由惠灵顿维多利亚大学农学院和奥克兰大学的农业学院合并组成的。1927 年,新西兰农学院更名为梅西农学院,以纪念于 1925 年逝世的新西兰前总理威廉·弗格森·梅西(William Ferguson Massey,1865—1925 年,1912 年 7 月 10 日—1925 年 3 月 10 日担任新西兰总理)在土地改革中的贡献。1961 年,由于新西兰大学的解散,梅西农学院变更为梅西学院,又成为惠灵顿维多利亚大学的一部分。1963 年,惠灵顿维多利亚大学北帕校区与梅西学院合并成立了玛纳瓦图梅西大学学院,根据"梅西大学法案",梅西大学学院成为独立的大学。1966 年,梅西大学学院正式更名为梅西大学至今。现在梅西大学下设 5 个学院:农业与农艺学院;科技学院;兽医学院;自然科学学院;人文和社会科学学院。5 个学院下面分别设有 56 个科系,拥有 18 所尖端的教育和研究机构。1970 年,新西兰最大最著名的梅西大学商学院成立,随后,梅西教育学院也宣告成立,梅西大学完成了从农业学院到一个国际性综合大学的转变,并且成为世界上第一个提供完全的校外教学模式(off site)的课程。此课程带来的不仅仅是学习上的便利,更重要的是它是一场教育界的革命,为新西兰的教育事业和全民素质的培养做出了卓越而富有成效的贡献。

20 世纪 80 年代,梅西大学建立了自己的飞行学院,成为世界上培训民航飞行员的三大摇篮之一。据说,新加坡航空公司的总飞行师就是梅西大学飞行学院培养的第一批优秀学员,因此,新加坡航空公司每年都把自己的学员送到梅西大学飞行学院去培训,一直到 2000 年新加坡航空公司建立了自己的飞行员训练基地为止。除了新加坡航空公司外,新西兰航空公司、全日航空公司、香港泰国航空公司、马来西亚航空公司、国泰航空公司、中国国际航空公司、中国东方航空公司、厦门航空公司等都先后将养成教练机飞行训练阶段放在梅西大学的飞行学院。2001 年,梅西大学飞行学院又在原有基础上扩大成为梅西大学航空学院。

20 世纪 80 年代后,梅西大学的主要任务是发展其学术研究机构,招聘国际上的知名专家学者，兴建科研机构和场所。1993 年，在奥克兰建立了梅西大学的第二个校区；1999 年，梅西大学吞并了惠灵顿工艺学院(Wellington Polytechnic)，建立了梅西大学的第三个校区惠灵顿校区，并且创立了新的纯艺术学院，开设了美术、音乐、设计等专业，其设计学院的主楼被联合国教科文组织评为新西兰十大文化遗产建筑之一。

新西兰接近国际日期变更线，梅西大学主校区的所在地北帕默斯顿市是新西兰第二大内陆城市，在毛利人的传说中，北帕默斯顿是太阳的栖息地。梅西大学作为世界上地理位置最东的大学，享有着“拥抱阳光的大学”的美誉，享受着世界上最纯洁的阳光。因此，历届世界大学生运动会的火种都是在梅西大学北帕默斯顿校区采集的，就像历届奥运会的火种采集是在雅典圣城一样。历届大学生运动会之所以把梅西大学作为火种采集地，主要有两个原因：一是梅西大学有着优越的地理条件，是世界上最东的大学，有着“拥抱阳光的大学”之称；二是梅西大学一直有着尊崇体育的传统。梅西大学是世界上第一所建立以大学为基础的橄榄球训练学校(新西兰国家橄榄球队全黑队)，新西兰的体育科学研究中心也是建在梅西大学。

梅西大学在商学、兽医、农业科学、工程、航空和艺术等学术研究方面在全球享有很高的声誉，它以综合学术研究位居世界著名大学 200 强。梅西大学的商学院是新西兰最早获得 EQUS(欧洲商学教育质量监控协会)和 AACSB(美国商学精英协会)认证的高等学府，在世界上顶尖的商学院中，也只有 5% 能够获得这样的认证。而梅西大学商学院中的金融专业被评为亚洲太平洋地区第一。此外，梅西大学还合并了新西兰国家音乐学院，从而成为南半球内音乐人才最大的培养基地。

总的来说，梅西大学有如下特色：

(1)是新西兰科研成果最多的大学；

(2)是新西兰把科研学术成果转化为生产力最多的大学；

(3)具有新西兰最大的商学院；

(4)是世界上第一所建立以大学为基础的橄榄球训练学校,新西兰国家橄榄球队全黑队的训练和科学研究都是在梅西大学;

(5)诞生了世界上第一个生物工艺学家(1965 年);

(6)是世界上第二个建立和拥有食品工程系的大学;

(7)是新西兰唯一提供遗传学学位的大学;

(8)是世界上唯一一所在校园内建造毛利会堂(Maori Meeting House)的大学;

(9)是新西兰唯一一所提供毛利视觉艺术学位的大学;

(10)是新西兰唯一一所在提供三年全毛利语教学的大学;

(11)是世界上第一个提供真正远距离教学的大学,采用邮寄和 E-mail 的方式;

(12)是新西兰唯一一所拥有航空学院并拥有自己训练机场的大学;

(13)是新西兰唯一一所提供兽医学位的大学;

(14)是新西兰第一个有女性当校长的大学;

(15)是新西兰唯一一所研制卫星(Kiwi SAT)的大学;

(16)是新西兰拥有世界级实验室最多的大学;

(17)它的教育学在 QS2013 年世界大学排行榜专业中排名第 50 位。

5. 惠灵顿维多利亚大学(Victoria University of Wellington)。惠灵顿维多利亚大学创建于 1899 年,是新西兰最古老的公立大学之一,百年老校。它取名来自于英国女王维多利亚(Alexandrina Victoria,1819—1901),因为维多利亚女王在 1899 年为 80 岁诞辰。大学位于新西兰首都惠灵顿,拥有 3 个校区,主校区为 Kelburn Campus,其有 100 多年历史的"猎人大楼"(The Hunter Building)是一栋哥特式建筑,也是首都惠灵顿市的标志性建筑之一。维多利亚大学的法学院设在古老的市政府大楼,与新西兰国家法院相邻;建筑和设计学院则处于市中心闹市区。维多利亚大学有学生 20000 多人,包括本科生、硕士和博士生。留学生有 3400 多人,分别来自世界上 60 多个国家,来源最多的国家分别是中国、马来西亚、韩国、德国和美国。

惠灵顿维多利亚大学在世界500强大学中排名第207位，在新西兰大学中为学术研究大学的榜首。惠灵顿维多利亚大学下辖8个学院，分别是：(1)建筑与设计学院。(2)工商管理学院。下面又设有会计与商业法学院，财政与金融学院，政府学院，信息管理学院，营销与国际商务学院，维多利亚管理学院，等。(3)人文与社会科学学院。为维多利亚大学中最大的学院，包括古罗马文学，亚欧语言文学，英语，历史学，电影学，戏剧与传媒学，政治与国际关系学，语言学，护理学与产科学等系。(4)教育学院。培养从幼儿园、小学、中学等不同教育阶段的师资。(5)工程学院。下设计算机系统工程，电子工程，网络工程，软件工程等系。(6)法学院。下设国际法、公法、商法等系，还有两个研究中心——新西兰公法研究中心和新西兰仲裁研究中心。(7)自然科学学院，下面又分为生物科学学院，化学与物理学院，地理、环境与地球科学学院，数学、统计和计算机科学学院，心理学院等。(8)新西兰音乐学院。下面有作曲、音乐理论、表演等3个系。

除了新西兰的惠灵顿维多利亚大学外，世界上还有3所维多利亚大学：加拿大的维多利亚大学，位于不列颠哥伦比亚省的首府维多利亚市；澳大利亚的维多利亚大学，位于墨尔本市；瑞士的维多利亚大学，位于纽沙泰尔州。

6. 坎特伯雷大学(The University of Canterbury)。坎特伯雷大学建于1873年，也是一所百年老校。它位于新西兰坎特伯雷省的省会城市基督城(Chrischurch)。基督城又名“花园之城”，位于新西兰南岛东岸，是南岛中最大的城市，也是新西兰的第三大城市，仅次于奥克兰和惠灵顿。因为最早前来建设该城市地标“大教堂”的人士是英国牛津大学的基督教会出身，因此他们将这座城市命名为“基督城”。坎特伯雷大学现有全日制学生13000余人，其中本科生11000人，研究生2000余人。有来自世界35个国家的留学生400多人，其中大部分来自亚洲。坎特伯雷大学是以工科为主的大学,因此,它的工科在新西兰是最完善的,在世界上也闻名。坎特伯雷大学下面设4个学院:(1)工学院。包括建筑、建筑研究、消防学、化工、软件设计、电子电机、机械工程、能源工程、环境工程、土木工程、森林工程、软件工程等专业;(2)文学院。包括音乐学、法律、教育学、教育研究、设计学、语言学、历史学、古典艺术史、美国研究、神学、政治学、哲学、心理学等专业;(3)理学院。包括物理学、化学、数学、生物学、天文学、生化学、动物学、电脑、程式设计、环境科学、林业科学等专业;(4)商学院。包括经济学、会计学、金融学、管理学、资讯管理、旅游学、市场营销等专业。

除了新西兰的坎特伯雷大学外,在英国著名的历史文化名城坎特伯雷,也有一所坎特伯雷大学。

7. 林肯大学(Lincoln University)。新西兰林肯大学是新西兰最古老的大学之一,坐落于基督城,始建于1878年,也是一所百年老校。它的前身是一所农业学校,在1896年获得学位授予权后,改名为坎特伯雷农业学院,1930年成为独立自治的大学。1990年,作为新西兰高等教育改革的主要部分,林肯大学被授予自主办学权。目前,林肯大学的学生人数超过了14000人,教职员工1800人,学生中有一半来自世界各地58个国家,留学生中有20%是攻读研究生。

林肯大学是南半球最著名的农业大学,学校以农学、园艺以及商学为主,有从学士到博士的所有学位授予权。林肯大学主要重心是以研究为主,提供新西兰政府农业的新技术和农业品种的改良。新西兰向来以农牧业立国,以许多先进的农业技术和生化技术傲视全球,所以当全世界其他地区正在为农业病以及农产品担忧时,新西兰却没有这些问题,这全凭有着林肯大学的先进农业研究成果在后面作支撑。因为林肯大学是以农为本、以农起家的大学,所以不但校园风景秀丽,更重要的是校园面积很大。林肯大学有着50公顷的校区、730公顷的农场与花园,还有1000公顷的农场。

林肯大学实行大学院制,下面设 3 个学院:(1)农业和生命科学学院。包括动物学、农场管理、园林艺术与管理、模拟技术、食品和酒类、生物与环境保护、昆虫学、植物病理学、农作物保护、生态学、环境保育与野生动植物管理、进化学、分子学、遗传学、生物差异等专业;(2)商学院。包括会计学、商业管理、经济学、金融学、市场营销、不动产、物流、旅游、计算机等专业;(3)环境与社会及设计学院:包括环境设计、资源编制、环境美化建筑、毛利与本土编制及发展、运动管理、社会科学、资讯、体育等专业。

除了新西兰的林肯大学之外,英国和美国还有 4 所林肯大学,它们分别是:位于英国林肯市的林肯大学;位于美国宾夕法尼亚州的林肯大学;位于美国密苏里州的林肯大学以及美国内布拉斯加的林肯大学(内布拉斯加大学林肯分校)。

8. 奥塔哥大学(University of Otago)。奥塔哥大学位于新西兰南岛奥塔哥省的首府达尼丁市(Dunedin),成立于 1869 年,是新西兰第一所大学,迄今已经有近一个半世纪的历史。奥塔哥大学是新西兰唯一能够提供消费者与应用科学、牙医学、人类营养学、药学、体育、理疗、测量学等专业学位的综合性大学。目前该大学有学生 22000 多名,留学生 3000 多名,分别来自世界上 90 多个国家与地区。在 2012 年世界大学排行榜上,奥塔哥大学位居第 133 位。

奥塔哥大学是新西兰两个最大的研究机构之一,也是新西兰研究类排名首位的大学之一。在新西兰大学的专业排名中,奥塔哥大学的生物医学、临床医学、地球科学、经济学、教育学、英语语言与文化、历史学、法学、哲学、公共卫生、宗教学、神学、体育与运动科学等均排名前列,其中最著名的为医学。因此,奥塔哥大学大部分研究主要集中在健康科学(医学)方面,如哮喘和呼吸障碍、心血管与内分泌学、功能基因、基因表达与蛋白质、免疫学、神经系统的结构和功能、口腔学、牙医学、公众健康、病毒学等方面的研究处于世界领先水平。所以,奥塔哥大学拥有新西兰第一所医学院，并且是新西兰南岛的医学研究中心，在世界上享有盛誉。它还拥有新西兰唯一的一所牙医学校，其国际排名进入前10名，在大洋洲为第一。

奥塔哥大学设有4所学院：(1)商学院。包括会计与金融、经济学、创业学、MBA课程、信息科学、健康信息学、国际商务、管理学、市场营销、旅游等系；(2)人文学院。包括人类学与考古学、古典文学、英语、地理学、历史与艺术史、各国语言与文化（含中文、日文、法语、德语、西班牙语、葡萄牙语等语种）、法学、媒体、电影、通讯、音乐、戏剧、表演艺术、哲学、政治学、社会学、性别与社会工作、毛利及太平洋岛国研究、神学、宗教学等系；(3)理学院。包括应用科学、植物学、化学、电脑科学、食品科学、地质学、人体营养学、海洋科学、数学与统计学、物理学、心理学、测量学、动物学、体育教育学等系；(4)健康学院（医学院）。包括解剖学、生物化学、生物医学、牙科技术、牙科学、遗传学、医疗化验科学、药剂学、微生物与免疫学、口腔健康学、生理学、物理治疗、放射治疗等系。在奥塔哥大学，总共有110个专业可以授予学士学位；70个专业可以授予硕士学位；18个专业可以授予博士学位。此外，它还在一些学科上设有预科，如文科方面的商业、设计，应用科学方面的生命科学、体育教育等。

在新西兰的8所大学中，有两所是在奥克兰市，即奥克兰大学和奥克兰理工大学。新西兰绝大多数大学是综合性的，只有南岛的林肯大学是属于农业性质的。在新西兰大学中，化学和材料科学最强的是奥克兰大学。

在新西兰还有23所理工或者职业教育学院，其中有6所在大城市，1所为函授学院，其余的都在中小城市。新西兰所有的大学都对外开放。

二、新西兰国立理工学院

根据罗格·马修斯先生的介绍，新西兰国立理工学院在奥克兰市中心，占地面积55公顷。这个地方原来是一所医院，在1880年的时候，成为一所大学。学院现在共有20000多名学生，其中14%为国际生，教职员工有1100多人。

奥克兰国立理工学院分为三大学部：

(1)创意产业与商业。他们有许多传统的学科与课程，其中的哲学课程可以让所有的学生前来学习；

(2)人文社会科学与保健科学。他们可以培训护士，也包括兽医护士。在体育方面，主要是体育学与体育社会服务。他们与奥克兰西部的医院共同培养护士，他们曾经计划开一个兽医医院，他们有护士系(含兽医护士)，但还没有医学成像方面的课程。

(3)建筑与工程(科技与人造环境)。他们是学院最著名的一个学部。他们还有一个主要任务就是文物的保护，因此对地震及火山活动很敏感。建筑方面的内容十分广泛，从建筑设计到挖壕沟都有，并且有电工、五金交电方面的课程。运输科技主要提供轻型车辆与造船方面的课程内容。造船方面要牵涉到材料的使用。建筑系从国家二级学科开始，甚至到提供基础的东西，如比较早离开学校的学生，还可以继续为他们提供大专文凭、学士学位以及研究生班的课程，但是不能提供硕士学位。学生可以拿到全国技术课程后，去从事技术工作或者自己开设工厂。

奥克兰国立理工学院设有国际学生办事处，有许多国际学生，这可以在网上查到。他们与世界上许多大学有着密切联系，在中国也做过语言学校。在中国，联系时间最长的是深圳理工学院，合作时间最久。奥克兰国立理工学院现在准备在成都开办一个学校，教授建筑方面的课程，可以拿到学士学位。

罗格·马修斯先生给我们提交的资料如下：

"Hengyang Normal University, Hunan Province

Presentation to the University delegation

29 April 2013"

湖南省衡阳师范学院

提交给大学代表团

2013 年 4 月 29 日

"New Zealand Tertiary Education

· New Zealand has 8 universities

· Auckland, AUT, Waikato, Massey, Victoria, Canterbury, Lincoln and Otago University

· Some of these have sub – campuses

· New Zealand has 23 polytechnics or vocational universities

· 6 large metropolitan, 1 national correspondence, and 16 regional polytechnic

· Wide range of private industry training institutions"

新西兰的三级(三类)教育:

1. 新西兰有 8 所大学:奥克兰大学、奥克兰理工大学、怀卡托大学、梅西大学、惠灵顿维多利亚大学、坎特伯雷大学、林肯大学和奥塔哥大学。

2. 新西兰有 23 所工艺专科学院,在 6 个大城市,有一所国家对应的和 16 所区域性的理工学院。

3. 广泛存在着的私营工科训练(培训)机构。

"Unitec Technical Institute

· A technical university or polytechnic

· 55 hectares of land

· 7 km from central city

· 23000 students participating in 165 programmers of study

· Over 10000 EFTS(Equivalent Full – time Students)

· International students make up over 14% of the total EFTS

· 1100 full time and part time staff"

国立理工学院:

是一所技术大学或者理工大学

它占地55公顷

距离中心城区7公里

有23000多名学生参与165门课程的学习

有超过10000名的全日制学生

国际学生(留学生)占全日制学生总数的14%

有1100多名全职和兼职教职工。

"Unitec structure

· Unitec has 3 Faculties or schools

· Creative Industries & Business

· Social & Health Sciences

· Technology & Built Environment

· Unitec is built on a large site that was originally Auckland's first mental hospital in 1865. Some of the buildings date from this time"

国立理工学院的大学结构:

国立理工学院有三大学科:

1. 新兴产业和商业

2. 社会和健康科学

3. 科技与建筑环境

国立理工学院是在一个1865年就开始建立的精神病院的地址上,很多建筑是1865年以来的。

"Creative Industries & Business

· Accounting & Finance

· Architecture

· Communication Studies

· Computing & Information Technology

· Design & Visual Arts

· Landscape Architecture

· Management & Marketing

· Performing & Screen Arts

· Travel & Tourism"

新兴产业和商业：

1. 会计与金融
2. 建筑学
3. 传播学
4. 电脑和信息技术
5. 设计与视觉艺术
6. 风景园林技术
7. 管理与市场营销
8. 表演与影视艺术
9. 旅行与旅游

"Social & Health Science

· Community and Health Services

· Community Development

· Education

· Foundation Studies

· Language Studies

· Medical Imaging

· Natural Sciences

· Nursing

· Osteopathy

· Social Practice

· Sport"

社会与健康科学：

1. 社区卫生服务

2. 社区发展
3. 教育
4. 预科
5. 语言学
6. 医学成像学
7. 自然科学
8. 护理学
9. 骨科
10. 社会实践
11. 体育学

"Technology & Built Environment

· Building Technology

· Civil Engineering

· Construction

· Electro technology

· Plumbing & Gas fitting

· Transport Technology

—Marine construction

—Automotive repair"

科技与建筑环境

1. 建筑工程学
2. 土木工程
3. 建筑学
4. 电工学
5. 管道工程
6. 运输技术(水木建筑物、汽车修理)。

"Department of Construction

Study Path

Levels 7: Bachelor of Construction; Graduate Diploma in Construction Project Management; Bachelor Architectural Studies

Levels 6: National Diploma in Construction Management; National Diploma in Quantity Surveying; National Diploma in Architectural Technology

Levels 4: Certificate in Applied Technology (Carpentry)

Levels 2: Certificate in Foundation Studies"

建筑系之学习路径:

7 级:工程学士;建设项目管理研究生文凭;建筑学学士

6 级:建筑管理国家文凭;质量测量国家文凭;建筑科学国家文凭

4 级:应用技术证书(木工手艺)

2 级:学业证书

"Department of Electrotechnology

Study Path

Levels 5 - 7: Bachelor of Applied Technology (Electrotechnology); Bachelor of Engineering Technology (Electrical)。3years full time

Levels 4: National Certificate in Electronically Engineering。3years part time plus work

Levels 4: Certificate in Applied Technology (Electrotechnology); Certificate in Applied Technology (Electrotechnology); Certificate in Applied Technology (Audio - visual Technician)。1year full time

Levels 3: Certificate in Electrical &Electronic Engineering。1year full time

Various: Industry related short courses"

电工学系之学习路径:

5 - 7 级:应用技术学(电工);工程技术学(电学);三年全日制

4 级:电子工程国家文凭;三年,部分时间工作

4 级:应用科学文凭(电学工程);应用科学国家文凭(电工工程);应用科学国家文凭(声像技术员);一年全日制

3 级:电子电学工程证书;一年全日制

多种级别:与工业相关的短期课程

“Unitec – International Office

· Our International Office provides a wide range of services including:

— Information and advice about study at Unitec

— Assessment of all international student applications

— Information and assistance with accommodation

—Online visa processing service

—Student support

· Email:internationnal@ unitec. ac. nz

· http://www. ebookonline. co. nz/unitec international prospectus/”

国立理工学院国际办公室(部):

我们国际办公室提供很大范围的服务,如:

提供在国立理工学院的学习信息与建议;

帮助国际学生的申请;

提供有关住宿的信息和帮助;

在线 visa 程序的服务;

对学生的帮助

(附电子邮箱与网址)

“Unitec – International Links

· Unitec maintains links and cooperative agreements with Universities and Polytechnics in Europe and Asia

· Unitec has a history of cooperative English language training in China (Beijing)

· Our most active and established Chinese link in trade training is with

Shenzhen Polytechnic

· We are at present developing a joint venture in Chendu"

国立理工学院的国际联系：

国立理工学院的主要联系与合作的大学或者理工学院重点是在欧洲和亚洲

国立理工学院有在中国（北京）的英语语言训练协调的历史

我们在中国建立的最多的活动和训练联系的是深圳理工学院

我们目前在成都准备建立一家合资企业。

罗格·马修斯先生给我们介绍完情况后，许书记、童校长和赵处长与他们就双方合作办学事宜进行了商谈。在一些主要问题上取得了一致意见，具体事宜由我们回国后，拟一份合作协议书发给他们。会谈结束后，我们例行向新西兰国立理工学院赠送了纪念品。

在新西兰国立理工学院，校园给我的印象一是与澳大利亚的卡斯纽尔大学一样，没有围墙，也没有一个明显标志的大门，校园四通八达，很多道路可以进入校园。从外面来看，整个学校是一座大花园，更像一座公园，里面风光很美。校园内没有什么高层建筑，绝大多数是两层或三层的房子，我们进行会谈的 12 号楼就是一栋两层高的楼房。此外，校园中还有许多平房，以及类似于我们建筑工地上的移动板房。这些平房和移动板房基本上是他们的学生实训基地和手工作坊。学生们在这里进行模拟训练和手工操作，如木工实训、电工实训、水暖工实训、泥水工实训、钢筋工实训、电器组装、电子元件组装，等等。二是校园极其安静和干净，没有闲杂人员在校园里走动，没有各种汽车和机器的轰鸣声，以至于大批的鸽子在广场中闲庭信步，无数的鸟类在校园里飞翔和栖息。在校园深处的湖边，在树林尽头的小屋边，你见到的是一个乡村别墅，是一派田园风光！真是个读书学习的好地方。

第二节　鸭子湖、天空塔与维多利亚购物广场

中午在海皇海鲜酒店吃中餐，同样为华人所开。菜上得丰富，口味一般，因此整个印象不太深刻。

按照行程安排，下午在奥克兰市区参观鸭子湖、天空塔和维多利亚购物广场。

鸭子湖（Western Springs）位于奥克兰城市的西部，与奥克兰动物园相邻。鸭子湖的湖水来自于周围的天然泉水，这些泉水曾经是奥克兰城市的主要水源。在鸭子湖，你可以观赏到新西兰本土所特有的黑水鸭、斑背潜鸭等珍贵鸭种，以及湖中到处漫游的黑天鹅、紫水鸡、苍鹭、麻鸦、翠鸟、喜燕等各种禽鸟。鸭子湖水中的原生物种是鳗鱼，因为毛利语中称鸭子湖为“Te Wai Orea”，意思为“鳗鱼的世界”（waters of the eel）。我不知道为什么将此公园翻译成“鸭子湖”，在公园的入口处的中文标示牌上写的是鸭子湖，实际上湖里的天鹅数量要大大多于鸭子。据说，1927 年，有 10 只黑天鹅被人工放养到鸭子湖，在此之后人们才在鸭子湖发现了灰鸭子。所以，按理来讲，黑天鹅应该是这里的最早的“原住民”，应该叫“天鹅湖”才对。可能是“天鹅湖”这个名字太崇高和太引人注目了，叫“鸭子湖”显得平淡一些，但还是不失其本色。因为小丑鸭最终是会变成白天鹅的。

鸭子湖的风光实在是非常美丽，湖边是垂柳绕堤，周边则遍地草坪与树木花草。游人们既可以在此漫步休闲，也可以在此跑步健身；既在湖边可以喂喂鸭子、天鹅与鳗鱼，也可以在草地上享受温暖的阳光。据导游介绍，鸭子湖鳗鱼中的长鳍鳗是新西兰的特有物种，也是被列入世界上濒临灭绝的物种。长鳍鳗的寿命长，但生长期缓慢，每年只长 1—2 厘米，一般长到 2 米时，则需要 80 年的时间。雌性长鳍鳗成年后一生只产卵一次，

而产卵后,雌性长鳍鳗便会死亡。

在鸭子湖,我们停留的时间并不长,但给我的印象却很深。一是鸭子湖的自然风光与人文关怀的完美结合。在鸭子湖,你可以看到各种禽鸟与人们和谐相处,在游人中自由漫步,在草地上自由觅食。它们可以与游人一同照相,也可以从游人手中索取食物。没有人去干扰禽鸟们的生活和安宁,更没有人去追赶或者是恐吓了。人与动物各安其分,都是大自然的宠物,都是上帝的造化。比如说,为了保护鸭子湖的环境,同时为了市民遛狗的方便,在鸭子湖的湖边上还专门设置了狗屎箱,并向遛狗者提供狗屎袋。二是在鸭子湖立有很多警示牌,而每块警示牌上,都有中文,汉语在鸭子湖似乎是成为"官方语言"了。于是,我想到了两个问题,是不是中国的国际地位提高,中国的游客到新西兰旅游人数很多?换位思考一下,是不是中国的游客不太文明,素质不高,而需要在多方面加以警示?我不得而知。三是在鸭子湖,我碰上奥克兰市民一家在公园休闲,4 口人,父亲为新西兰人,50 多岁,母亲为华人,30 多岁。两个小孩,一男一女。这家男主人听我说中国话后特别热情,主动用中国话打招呼,并询问我是中国什么地方人,来新西兰干什么,说他的夫人也是中国人,为湖北人。还说他去过湖南,去过张家界和凤凰,说那个地方太美了。还说在奥克兰有什么困难现在就给他说,他会尽量帮忙的,云云。在整个 10 分钟的聊天过程中,他的夫人一言不发,很冷漠,也不正眼看我一下,只是带着两个小孩玩耍。临告别时,我主动与她打招呼,她也只是点一下头而已,不知何故,与丈夫的热情形成了巨大的反差。

天空塔(Sky Tower)位于奥克兰市中心的维多利亚街(Victoria St.)和霍布森街(Hobson St.)之间。该塔始建于 1995 年,前后历时 2 年 9 个月,于 1997 年 3 月 3 日正式运营,比原定的落成计划提前了半年多。天空塔是由高登·莫勒(Gordon Moller)设计,曾获得新西兰建筑师学会(New Zealand Institute of Architects)的国家奖及其他地区奖项。

天空塔高达 328 米,是新西兰的标志性建筑,既是新西兰最高的建筑物,也是南半球的最高建筑物,目前为世界第13高的建筑物。它是全球独立式观光塔排列第13的观光塔,是世界高塔联盟的成员之一。现在,每年有超过100万的游客到此观光。

根据介绍,天空塔共用15000立方米的混凝土和2660吨的强力钢材建成。其地基深达15米,整个塔重2100万公斤。天空塔的高度安全,可以抵御每小时200公里的强台风和40公里以外的里氏7级地震,即使在20公里以外的里氏8级地震也不会坍塌。

天空塔与其他建筑连成一体,组成了巨大的天空城(Sky City),城中汇集了新西兰最大的赌场、10个餐厅和酒吧、四星级和五星级的宾馆、剧场,以及许多旅游冒险活动。赌场是亚洲人,尤其是中国人喜欢去的地方,里面各种赌博方式应有尽有。天空城经常还有文艺表演助兴。如每年春节,都有中国节目表演,其中舞狮表演最受奥克兰市民欢迎。在天空城,观看文艺表演是免费的,你进天空城后,可以不进赌场,只看文艺表演。

天空塔上有两层餐厅。一层是“Orbit”,设有旋转座椅,每小时旋转360度;另一层是咖啡厅,附设有两个观景台(部分为玻璃地板,只有胆大的才敢站上去),每天大约有1500名左右的游客来此观看奥克兰城市的全景。天空塔还设有高飞跳(Sky Jump)项目,即我们通常说的蹦极运动。由观景台起跳的192米“乐趣下降者”(fan descender)弹跳,达到每小时85公里的速度。这种高飞跳项目是受引导电缆控制的,防止弹跳者在刮风时身体撞向塔身。可惜的是,由于时间关系,以及我们自身的原因,我们既没有上天空塔观景台,也没有去体验高飞跳项目。天空塔除了具有娱乐功能外,还用于通信及广播事业。新西兰的多家电台广播公司、电视台均设在天空塔。

因为今天是考察之旅的最后一天,晚上即将乘飞机飞回国内,所以最后一站考察的是维多利亚购物广场,为回国准备一些物品。很不凑巧的是,我的“痛风”病发作,走路行动不便,只有在购物街的行人椅上休息,当一个看客,无法去购物广场购物了。我历来为自己感到自豪的就是自己的这一双脚,因为它伴随着我当过知青,在泥巴里打过滚;伴随着我下过矿井,与煤炭打过交道;伴随着我在大学的田径场上风光。我是兰州大学田径代表队成员,从事中长跑,不但创造了 5000 米 14 分 58 秒的记录,破了 15 分大关,而且代表甘肃省大学生代表团参加了 1982 年在北京钢铁学院(今北京科技大学)举行的全国第一届大学生运动会的田径比赛,在 5000 米和 10000 米的两项赛事中均进入决赛,取得了名次。在兰州大学就读期间,从 3000 米到 10000 米的比赛,基本上每次都是由本人包揽冠军。没想到人到老年,却得了富贵病"痛风"!连走路都成问题,还好意思谈当年的长跑健将、国家二级运动员的风采吗?有句话叫"天不作死人作死"、"不作死就不会死",可能是吧!年轻时气盛,喜欢贪杯好酒,一个星期至少也得喝上 4 斤以上的白酒。喝来喝去,不但把肝和胃给喝坏了,喝出酒精肝,喝出胃出血,现在连脚都喝出毛病了。酒是个好东西,它对你很有诱惑力,但同时也在害你,在毁灭你。所以什么东西、什么事情都有一个度,一旦过度,迟早都要出问题的。

所谓"痛风",指的是人体嘌呤代谢异常所导致的一种综合性疾病,高尿酸血症是痛风病变发展中的一个重要阶段。痛风的病因比较复杂,许多医生都说不清楚,既没有什么特别有效的治疗方法,也无法治愈。就我本人的亲身体验和治疗经历来看,就是如此。

第三节 回到衡阳

按照行程,晚上要乘飞机飞回广州。他们在维多利亚购物广场走了一大圈,逛了近两个小时,收获不大,达不到预期效果。无奈之下,大家又重去特产商店"百盛",选择了一些适当的商品。我们是大包小包,高高兴兴,老板娘则是金银满钵,乐乐呵呵。

下午6点,我们一行被安排在"喜鹊酒家"吃晚餐。"喜鹊酒家"一听名字就知道是华人所开,酒家店面不大,生意却十分兴隆。给我的印象是:精致、精巧、精微。虽说店面不大,座位拥挤,但是却布置得十分合理和温馨。中国传统韵味的古色古香,雕梁画栋、书画卷轴、青花瓷器、屏风照壁,完全是中国化的东西。还临街设置了吊脚楼,上楼尝肴品酒可以欣赏街景,别有风味。尤其是卫生间,别看忒小,却十分的干净,其光鲜亮度足可以照人。有此环境就餐,心情自是极好,食欲也是好的。

晚7点,回到奥克兰美丽园龙都大酒店取行李,然后去奥克兰国际机场办理出境与登机手续,一路十分顺利。晚10点,乘坐中国南航CZ306 AKLCAN 2200 0600+1(空客330)班机飞往广州。在登机时,有一个小插曲。因为痛风的缘故,我走路比较吃力,所以登机时没有进行排队登机,而是从快速通道(应急通道)登机。当时中国的乘务员问新西兰的乘务员为什么让我优先,这位新西兰乘务员很幽默地说:"我看他是一个干部",引起了大家的哄堂大笑。我都感到脸红,不好意思。

中国南方航空公司于2011年4月8日开通了中国内地首条直飞新西兰奥克兰的航班。南航广州——奥克兰的航班号为CZ305,每周3班(星期二、星期五、星期日)。北京时间晚上23时50分从广州白云国际机场起飞,新西兰当地时间第二天下午15时20分抵达奥克兰国际机场。南航奥克兰——广州的航班号为CZ306,也是每周3班(星期一、星期三、星期六)。当地时间晚上22点整从奥克兰国际机场起飞,北京时间第二天早晨6点整到达广州白云国际机场。空中飞行时间为12小时,由最先进的大型宽体客机执行飞行任务。

由于是晚上的航班,国内俗称为"红眼航班",所以机上不提供食品与饮料方面的服务。又因为是红眼航班,所以飞机起飞后,在整个航程中,基本上都是处于迷迷糊糊的昏睡状态,对机上的人与事没有去关注,也没有留下什么印象。

4月30日,星期二,早晨6点,飞机准时降落在广州白云国际机场。

6 点 40 分,我们办完了所有的入境手续,提取了各自的行李,在机场出口等待旅行社接机。到了广州机场后,我们的感觉一下子就差了许多,与我们的期望值相差太远,几乎将我们 10 天来的美好印象与感受尽情摧毁。其原因是:(1)天气。在澳大利亚新西兰的 10 天考察过程中,天天是秋高气爽、阳光明媚、气温宜人。而一到广州,却是春雨连绵、闷热潮湿、不见阳光。我最怕的就是南方的梅雨季节,出行不方便,到处是潮气,衣服洗了一个月都干不了;心情压抑,思路不畅通,工作效率低,什么事情都做不好;湿气太重,痛风易发作,血压增高,对身体很是不好。(2)等车。旅行社到机场接机的车本应是 6 点半之前到机场来接我们的,可是我们一直等到快 8 点,接机的司机才到,并且车子还停在离机场出口约 1 公里的地方,让我们疲惫的身体拖着沉重的行李走了 20 分钟。问他为什么这么晚才来接机,司机竟然回答说,你们的火车是 10 点半的,绝对不会误你们事的。听后真是使人晕倒!这就是我们的服务态度!

8 点 30 分,我们到达广州北站。因为原先定的高铁票是 10 点 25 分的,还需要等候两个小时,时间太长。想去改签早一点的车次,却因为第二天是“五一”小长假,回家或出门旅游的人太多,所有车次的车票都早已出售一空,无法改签。在广州北站既潮湿闷热又嘈杂万分的候车室里,我们既无聊而又无奈地等待了两个小时,空着肚子,期盼回家。

10 点 25 分,我们终于乘坐 G1006 次高铁,返回衡阳(童校长直接回长沙),据说还是回衡阳最早的一班高铁。列车经过近两个小时的奔驰,于中午 12 点 11 分准时到达衡阳东站。10 天的时间,在人类历史的长河中,几乎是忽略不计的;在人生的道路上,也是一眨眼的工夫。但是,在你的记忆中,却是难以忘怀的。衡阳还是那个衡阳,衡阳师院还是那个衡阳师院;耒水还是那个耒水,湘江还是那个湘江;我还是我,你还是你。但是,我的内心感受有了变化,我的视野有了扩展,我的心灵有了升华。

来衡阳东站接车的有学校刘师傅(接许金生书记)、邓玉久小孩(接邓玉久所长)、计算机科学系的陈老师(接魏书堤主任)。赵湘处长乘坐许金生书记的车回家,我则乘坐魏书堤主任的车回家,因为都是回到西校区。中午 1 点,顺利回到家中,如梦如幻、如过眼烟云的澳新 10 日高等教育考察圆满结束。感谢学院领导的决策,让我们学习国外先进的高等教育理念;感谢澳新方面的热情接待和安排,使我们感受到了西方高等教育的发达;感谢旅行社和导游们的精心组织,使我们在最短的时间内看到和领悟到了西方的文明、风俗习惯、历史文化、自然面貌、城市风情;感谢上苍的眷顾,在 10 天的时间内不仅风和日丽,而且从未出现过任何事故,全程一帆风顺、平平安安。

第九章

反思澳新

10天的走马观花,10天的囫囵吞枣,10天的管中窥豹,10天的沉重思考。我们到澳大利亚和新西兰,是抱着学习的态度,来对澳新乃至西方的教育,主要是高等教育进行考察的。其目的是为了提高我校内涵发展的质量而学习国外高等教育的先进经验。虽说是10天的时间是过眼云烟,匆匆忙忙,但也是值得我们去反思。这种反思只是一种"我到、我见、我闻"(借用古罗马著名政治家、军事家、文学家、史学家恺撒"我到、我见、我胜"之语)的表层的反思,就自己所看见的、所听到的一些东西进行反思,亦即对澳大利亚和新西兰高等教育和日常生活的点滴进行反思,没有进行深层次的思考,也不涉及其他东西,所以,也就显得十分地肤浅。

第一节　澳新教育

应该说,澳大利亚的教育质量在世界上还是处于一流水平的。澳大利亚人口只有2320万(2013年3月统计数据),却拥有38所大学以及230多所专科技术学院(高职高专)。这些大专院校中,除了一所为私立大学外,均为公立。而澳大利亚大学的学历资格,被世界各国普遍承认。

一般来说,澳大利亚的教育体系可以分为5个层次:中小学教育;职业技术教育;为海外留学生开设的英语补习学校;专科职业技术学院(高职高专);大学。

澳大利亚的中小学教育是免费的义务教育。当然也有一些私立的中小学,这些私立的中小学一般来说办学条件好、师资力量强,收费也很高,相当于我们国内的贵族学校。澳大利亚的小学学制因各州的不同而不同,全国没有一个统一的模式。通常小学为6年制或7年制。在有的州,小孩在上小学之前还要上幼儿园和学前班。小学所设置的课程通常为:英语、数学、社会、艺术(包括音乐、美术、手工、戏剧)、保健(包括体育和品质培养)等,与我国小学设置的课程相差不大。

澳大利亚的中学学制在各州同样是有差异的。如在新南威尔士州、维多利亚州、塔斯马尼亚州和澳大利亚首府行政区,初级中学年限是从7年级到10年级,相当于我国的初一到高一;而在西澳大利亚州、南澳大利亚州、昆士兰州和北领地的初中则为8年级到10年级。10年级之后,大部分学生进入高级中学11年级到12年级的学习,有的则进入高等教育学习。澳大利亚的中学大部分是综合性的男女混校制,也有部分为单独的女子学校。

澳大利亚的大学预科课程与我国的大学预科不一样,它是为全自费的海外留学生所设计的课程,为他们所申报就读的大学本科学习所准备。澳大利亚的大学预科是为了帮助那些已经在自己母国完成了12年级的高中教育,但是又无法直接申请进入澳大利亚的大学的申请者。通常为1年,但是有的学校也开设半年的速成班。

澳大利亚的职业技术教育是一种全国性认可与互通的职业培训教育体制,它主要提供专业技能的训练课程,重在实用性,而且许多课程是与企业共同开办的,以保证提供能切合实际的专业训练和最新的专业技术。职业技术教育是澳大利亚教育中最大的部门,也是澳大利亚高等教育的主力军,共有230多所学校。

如前所述,澳大利亚的大学教育创始于19世纪50年代,作为英国的殖民地,在创始之初都效仿英国的牛津大学和剑桥大学的模式。到了20

世纪,澳大利亚联邦各州都建立了大学,迄今已达到38所。因此,在澳大利亚,全国人口的总数与大学生之比,在世界各国中,是比较高的。澳大利亚大学攻读博士学位至少3年,硕士学位一般为一年半至两年,学士学位为3—6年。与其他西方国家不一样,澳大利亚的高等教育是收费的,大学通常靠收取学费来承担学校的办学费用。大学也设有奖学金,但是数量极其有限。

新西兰的教育体系与澳大利亚基本上差不多。6—16岁的孩子必须接受强制义务教育,但通常5岁就开始进入小学读书了,免费的义务强制教育最多会延长到19岁。新西兰的中小学属于公立学校,所有的资金均来自于政府的拨款。当然,有的公立学校由于购买设备是时发生资金短缺,也会向学生家长进行募捐。新西兰也有部分收费昂贵的私立学校,如林导给我们介绍的奥克兰贵族学校——国王小学,其学费就高达每年20000新币,约合人民币13万元,还不包括其他特殊费用。这些贵族学校通常多由教会来主办,它们也可以取得部分政府对教育的补贴。

新西兰的小学教育分为初小和高小,与我国相同。其教育课程包括英语、数学、社会、艺术(绘画与手工)、自然科学、体育、健康、音乐等,也与我国的小学课程大同小异。11—12岁开始接受初中教育和高中教育,初中为1—2年级,高中为3—7年级。课程在小学课程的基础上,增加了选修课程。选修课程的内容十分广泛,包括经济、地理、历史以及外国语等多方面。到了高中后半段学习时,选课要十分注意,主要是尽量选择将来准备要在大学所攻读的相关专业和课程有关。

新西兰总人口为420多万(2013年12月3日统计公布的数据),却拥有8所大学和23所大专,由此可见他们高等教育的发达。

在我个人看来,澳大利亚和新西兰的高等教育与我国的高等教育相比,至少有以下几个特点:

1. 高等教育不但发达,而且教育质量也很高。澳大利亚的"8校集团"(Group of Eight),简称"G08"(相当于美国的常春藤联盟大学 The Ivy

League、英国的罗素大学集团大学 The Russell Group 或者中国的985大学)中的8所大学(澳大利亚国立大学、墨尔本大学、悉尼大学、莫纳什大学、新南威尔士大学、中央昆士兰大学、阿德雷德大学、西澳大利亚大学)均进入了世界大学100强之列。新西兰的奥克兰大学也是进入世界100强的大学,其他如梅西大学、奥塔哥大学、惠灵顿大学等也是世界前200位的大学。不仅如此,澳大利亚和新西兰的一些大学在学科、专业等单项排名中,都处于世界各大学的前列。

2. 国际化的开放性办学。澳大利亚和新西兰的大学教育质量高,得到世界的普遍承认,在于他们办学的理念:国际化和开放性。澳大利亚和新西兰的大学一方面遵循欧洲古老大学的经典的大学模式办学,另一方面也吸收了美国现代的科学的办学模式。其国际化主要体现在:办学的国际化、教师的国际化、学生的国际化三个方面。办学的国际化在于澳大利亚和新西兰的大学基本上都是与国际接轨,办学模式、办学宗旨、办学方法不但为国际上较通用,而且也为世界各国所公认;教师的国际化在于各个大学的教师均来源于各个国家,不局限于本国,尤其是注重非学缘关系的教师团队。在澳大利亚和新西兰的大学中,基本上排除留校任教的情况,也很少有教师团队来源于某一所大学。他们非常注意从不同的国家和不同的著名大学引进教师。学生的国际化在于澳大利亚和新西兰是世界上吸引留学生最多的国家之一,他们认为教育的国际化是大学办得是否成功的重要指标之一,所以每所大学都接受大量的海外留学生。现在,澳大利亚和新西兰的大学是中国(包括大中华区)海外留学的主要对象之一。

3. 注重研究能力与动手能力的培养。在澳大利亚和新西兰,不但一些大学的世界排名很靠前,而且一些专业的排名也很靠前,因此一些著名大学的研究水平都处于世界前列,研究能力十分强,不少大学的学者获得过诺贝尔奖,包括医学、化学、生物学、经济学等多个领域。他们根据自己的特点,都有着自己研究的特定对象,如与我们交流的纽卡斯尔大学的尼尔研究所。在培养研究能力的同时，重视对学生动手能力的培养。工科和应用学科的学生，他们的实训十分重要，每个人都要亲自动手进行设计和操作，如与我们交流的奥克兰国立理工学院就是如此。建筑学和建筑设计专业的学生都要学习和操作水电工、钢筋工、木工、泥水工的课程和技术，不仅仅停留在理论上会设计，更要在实践上会操作。

4. 办学层次分明，市场定位准确。在澳大利亚和新西兰，几乎所有的大学对自己的办学都有一个准确的市场定位，其研究也好，开办专业也好，从研究型的综合性大学，到应用型的理工科院校，都与市场紧密结合。在顶尖的大学中，有一批专门从事世界一流的理论研究外，大部分的研究都是应用型的研究，是市场所需要的东西。正因为如此，所以他们的研究机构和我们不一样，实行的是市场运行机制。如纽卡斯尔大学的尼尔研究所，所有的经费，包括研究人员的工资、研究所的日常运行、研究所的建设、研究所带的研究生的支出，等等，学校是不拨付一分钱的，全靠自己筹措。因此，它实际上就是一个独立的经济实体，它所研究的项目都是为了解决实际问题的，都是与市场密切相关的，都是收费的。他们从不研究一些毫无意义的项目，也从来不研究与市场经济脱钩的虚幻项目。

5. 依法治校，民主管理。在澳大利亚和新西兰，一些著名的大学几乎都是通过议会的决议而决定成立的，都有着自己大学的法案。因此，一方面可以根据大学法案向政府申请资金与土地以及各种赞助；另一方面也根据大学法案来保护自己的利益不受侵犯，保护学校师生的利益不受侵害。他们均是按照大学法案规定的权利和义务进行治校，而且这种大学法案是长久不变的，不因政坛的变动和领导人的变化以及政策的改变而发生改变。因此，他们的办学是从长远目标着眼的，不是一种短期效应。同时，一个学校的发展也不因为管理层发生变动而变动。在澳大利亚和新西兰的大学中，普遍实行民主管理制度，即校董会管理。在大学法案中，公立大学的校监是由政府委派的，是名义上的最高负责人。但实际负责学校管理的是校长和校董会。校长是副校监，负责学校的一切行政事务,按规定必须由教授担任,而且也是校董会的召集者。学校的大事决策则由校董会做出。校董会的成员有:政府代表校监(1人)、行政代表校长(副校监)与副校长(2人)、教授代表(若干人,占校董会成员的一半)、职工代表(1人)、研究生代表(1人)、本科生代表(1人)、学生家长代表(1人)、社会代表(1人)。如果有大的赞助商对学校贡献巨大,则增加赞助方代表(1人)。在校董会,每个成员都是平等的,都有着平等的发言权和表决权。校董会成员总数为单数,以利于进行表决。所以,从学校董事会的成员结构来说,充分体现了各个方面和各个层次的利益诉求,体现了民主管理的理念,从而使学校做出的重大决策不至于出现失误。

但是,并不是说,澳大利亚和新西兰的高等教育已经到了十全十美的地步,比我国的高等教育要先进许多,只不过他们具有自己的特色而已。如果深入进行考察,澳大利亚和新西兰的高等教育也有其不足之处:一是澳大利亚和新西兰的高等教育发达,但却是未免有些太滥,太宽松,尤其是接收留学生方面,滥竽充数的实在太多。一所大学,动辄学生人数就是好几万人,留学生好几千人,不分良莠,鱼龙混杂,成为海外留学生趋之若鹜的地方,有纯粹为了赚钱的嫌疑。所以,许多内地有钱的纨绔弟子,在国内根本考不上大学,却都到了澳大利亚和新西兰去留学,晃荡了几年,混了个海外文凭,却是什么东西也没学到;二是澳大利亚和新西兰高校的院系设置随意性较大,学科的划分不是很科学,许多大学的院系的专业之间没有什么联系,却被生拼硬凑地拉在一起,不但不同的学科凑在一起,甚至是文理科也被凑在一起组成院系。

第二节　澳新生活

澳大利亚和新西兰人们的生活总的来说是自由、简单、休闲。

澳大利亚和新西兰都是英属殖民地,与早期的北美十三州殖民地一样,最早也都是大英帝国的罪犯流放地。这些被流放的罪犯,身份很复杂:既有各种刑事犯罪,也有政治犯;既有经济犯罪,也有宗教异端分子。在早期的移民中,除了这些罪犯外,还有许多其他形形色色的人物:冒险家、航海家、商人、矿工、贫苦农民、流浪汉、士兵……因此,他们最向往的生活就是自由,不受管辖,不受约束。这一点,与早期到达北美殖民地的"五月花号"移民有点近似。在他们的生活中,8 小时工作时间外,都是自己随心所欲,干着自己喜欢的事情,过着自己惬意的日子,有着自己自由的空间。

在澳大利亚和新西兰,实行的是周工资制,每周一发工资。许多人,其中主要是青年人,都期盼周一的薪金。他们的生活轨迹是:周一发工资,周二还债,周三购物,周四计划,周五借债,周六和周日外出度假。不像我们,发工资后有一个计划:存钱买房买车,或者存钱为了小孩的教育,或者存钱为了将来的养老。他们基本上是"月光族",更确切地讲,是"周光族"!他们的计划就是周末怎样愉快地度过,怎样将一周的工资花光,怎样在周末放松自己。

在新西兰,居民的平均收入大约是平均每年年薪 5 万新西兰元(合人民币 30 多万元),公务员的年薪差距并不是很大。如新西兰总理的年薪为 36 万元新币,奥克兰市长的年薪为 16 万年薪,而一般的资深公务员也可以拿到 10 万—12 万元的年薪。在 20 世纪五六十年代,新西兰是世界上最富有的国家之一,生活优越,收入极高。因此,当时很受澳大利亚人的羡慕,所以当时的澳大利亚人纷纷涌入新西兰,尤其是澳大利亚的年轻人,到新西兰去生活,去打工。但是,随着工业化与现代化进程的步伐加快,到了 20 世纪 90 年代,澳大利亚与新西兰的情况颠倒过来了。因为新西兰是个典型的农业国家,没有什么现代工业,而澳大利亚的现代化进程速度极快。于是,新西兰的青年人又都纷纷涌入澳大利亚去生活,去打工。澳大利亚悉尼居民的平均周工资为 1200 澳元,约合人民币 8000 多元。以此来计算,年薪大约在 6 万澳元,约合人民币 45 万元,比新西兰人的收入要高近 30%。所以现在,据林导说,大约 6 个新西兰的青年人中就有1个在澳大利亚打工。因此,还是小平同志那句话讲得好,发展才是硬道理!

在澳大利亚和新西兰,有收入者都要交所得税,而且税率较高。以新西兰为例,年收入在3万—5万元纽币者,所得税为12%;5万—7万元纽币者,所得税为20%;7万—10万元纽币者,所得税为30%;10万元纽币以上者,所得税为39%。年收入指的是个人一年中的所有收入,包括专兼职薪金、股息、利息、房息、专利、稿酬、遗产、捐赠等等。

以澳大利亚与新西兰人的收入,买房应该不是一件难事。以新西兰奥克兰市为例,它的房价因各个区域和位置的不同而有所差异:一套独立的别墅50万到70万纽币不等,约合人民币300多万元到400多万元。在澳大利亚的悉尼,房价因区域的不同而不同,一套别墅分高、中、低三档,价格分别为70万澳元(500万人民币)、60万澳元(420万人民币)、40万澳元(280万人民币),比我国北上广深的房价要便宜多了,何况他们的收入比我们要高很多倍。以他们的收入,买一套别墅也就是一个人10年的收入就够了,如果是两夫妻,5年也就可以买一套别墅了,不会像我们,有的年轻人一辈子当房奴。澳大利亚和新西兰的这种别墅,一般另有60—190平方米不等的草地,其土地使用权为99年,即一个世纪。

与我们住房不同的是:(1)澳大利亚与新西兰居民居住的一般都是单栋别墅,不住楼房。住楼房的是单身男女,或者是收入极低的部分人群,因为那叫公寓,不叫住宅;(2)别墅一般都是平房居多,然后是两层楼的,没有三层楼房的别墅;(3)房前的草坪需要每月修剪,要么自己修剪,要么请专门的园艺工人修剪,否则邻居们会去告发你。同样,草坪中的树木,尤其是靠近街道或公路旁的树木也需要修剪、杀虫、保养。如果树木死去,你需要重新种植一颗同样品种的树木,否则你会以破坏生态环境罪名遭到起诉;(4)在别墅的庭院中和阳台上是不允许晾晒衣物的,尤其是内衣内裤,否则邻居会起诉你伤害社会风俗;(5)每栋别墅的建筑风格不一致。在同一个住宅区,是找不到两栋相同的别墅来。他们要求是一个建筑师要设计出100种不同样式的建筑。

澳大利亚和新西兰同属于大英帝国的殖民地,独立之后也同属于英联邦国家。因此,他们的法律体系属于海洋法律体系(有别于德国和法国等欧洲大陆国家的大陆法系),其交通规则也是沿袭海洋法系的交通规则:行人、车辆靠左行,汽车方向盘为右舵。在澳大利亚悉尼,行人道是不画斑马线的,而是两条白线;道路两旁或者各种停车场的停车位也是只有两条白线,而无封口线;道路中间的分界线不是像我们划上双黄线,而是为双白线。澳大利亚城市中的非机动车道相对于中国来说,显得非常狭窄,只有一米宽,仅供一辆自行车行驶。在澳大利亚,骑自行车的速度极快,既没有在街道上慢悠悠的骑自行车者,更没有两辆自行车在街道上并排行驶的现象。按照规定,所有骑自行车者,都要戴头盔和着护膝,否则就会视为违反交通法规,受到处罚。当然,在澳大利亚和新西兰,是从来没有看见过"中国式过马路"的现象,行人车辆都遵循交通规则,以至于城市中生活的鸟类都明白这个道理而加以利用。在悉尼,本人亲眼看见一只乌鸦将一枚坚果扔在大街上的十字路口,让汽车碾压,当红灯亮起,车辆停止行驶时,这只乌鸦从树上飞到路中间啄食果仁。待绿灯放行时,它又飞回到树上。如果发生交通事故,由负全责者赔偿一切损失,处罚分明。如果是行人违反交通规则,强行穿越马路,被汽车碰撞或碾压,司机是没有任何责任的。相反,行人还要给司机赔偿误工费,因为你的过错导致别人耽误了上班。

澳大利亚和新西兰的高速公路是不收费的。在澳大利亚,只有个别的由私人投资建造的隧道和桥梁收费,但还是相当便宜,一次1.5澳元。而新西兰则全部是免费的。凡是由政府修建的道路、桥梁、隧道都是不收费的,属于公益事业。澳大利亚的高速公路与我国的高速公路有几点不同:一是同一条高速公路在不同路段的宽度不一致,因地而异,最宽处可以为5车道,最窄处仅为2车道;二是高速公路两旁没有人为的休整和装饰,全部是自然景观。同样,高速公路两旁也没有整成全封闭,是敞开式的，与我国国道的道路两旁是一样的；三是高速公路中间没有修建隔离带，而是一些自然植被，或者灌木，或者草坪，每两公里有一个隔离带的缺口，供车辆掉头；四是上、下高速公路很方便，因为不收费，所以没有卡口，顺畅。在新西兰，只有在城市市区的道路安装有红绿灯，出了市区之后，在高速公路也好，还是国道上也好，一律没有红绿灯，所有的交叉路口均为环岛转盘，车辆无须在路口等待。

澳大利亚和新西兰公路上行驶的汽车大多是日系汽车。澳大利亚本国只生产一种品牌的汽车——“霍顿”，生产地在墨尔本市。在澳大利亚和新西兰，各个家庭用的小车后面通常喜欢加上一个拖车用的挂钩。在周末或者节假日，他们的车后就拖着一个小货柜，近似于水柜或者垃圾箱样式，里面装着一些旅行用的日常用品，帐篷、睡袋之类齐备，甚至包括一套完整的炊具，出去旅游，自由自在。有的后面还拖着小型游艇。这种情况在我国是不允许的，因为它不但对汽车本身进行了改装，而且加了拖挂车，又是客货混装，属于违章。但在澳大利亚和新西兰却是允许的，它彰显了他们的自由和人性化。

澳大利亚和新西兰人第一大爱好就是跑步，从早到晚都有人在大街上、在公园里、在海滩上跑步，男的女的，老的少的。有的人上班不乘车，而是喜欢跑步去上班。跑步可以锻炼身体，是一个又简单，又不用想事的体育运动，适合于所有年龄阶段的人。所以导游才给我们讲，澳洲人宁愿去跑步，也不愿去学习打麻将，因为打麻将太费脑子了，跑步则不需要费神。正因为澳洲人喜欢户外运动，喜欢跑步、旅游、晒日光浴、冲浪游泳，所以他们也喜欢在灼热的阳光下面就餐。比如在悉尼歌剧院、悉尼中央商业区、悉尼达令港、奥克兰海湾大桥、奥克兰独树公园等地均是如此。

生活的自由也带来了穿着的随意。在工作期间，或者在正式的公共场合，他们均是着正装，西装革履，皮鞋锃亮，一丝不苟。但是，在生活中，却是穿着随便，十分休闲。澳大利亚的市民十分喜欢穿短裤，跑步穿短裤，散步穿短裤，旅游也穿短裤，在街头泡酒吧也穿短裤。尽管当地已进入深秋，白天的气温也就 20°C 左右，但他们还是穿着短裤，甚至有的人还穿着拖鞋。澳大利亚和新西兰人也喜欢泡酒吧，尤其是街边的小路边酒吧。两个人一杯红酒或者一瓶啤酒，可以边喝边聊几个小时。可以坐着，也可以靠在吧台上，只要一小杯酒，不需要别的，就可以打发无聊的时光。在澳大利亚，各种各样的酒吧很多，高级酒吧是有钱人的场所；路边小酒吧是小市民打发时光的去所；淫乱嘈杂的酒吧则是寻欢者们的天堂，同时也是滋生各种犯罪的集中地。并不是所有的澳大利亚人和新西兰人都幸福，也有生活在社会最底层的人群。在新西兰奥克兰市，我们就见到不少的乞丐白天在大街上行乞，晚上则睡在商铺的门洞下面，身下铺的是纸箱，身上盖的还是纸箱。不过，这些乞丐均为成年男子，没有见到未成年人在行乞，也没有看见女性乞丐。

在澳大利亚和新西兰，所有的室内场所都是严禁吸烟的，吸烟要到户外。当然，在大型的公共场所，一般都备有专门的吸烟室。吸烟的人群似乎不仅仅限于男性，在澳洲，女性吸烟的人数为数不少，学生吸烟的也很多。在纽卡斯尔大学校园中，在道路两旁的凳子上，可以看到很多女大学生在抽烟。同样，在公园里，也可以看到很多的女性抽烟。

一般来说，澳大利亚的治安状况要比新西兰要好。街上既没有看见行乞的乞丐，也没有碰到或听说过小偷偷窃。而在新西兰就不一样，不但白天与晚上可以看见乞丐，而且林导一直提醒我们要注意小偷。因为新西兰的警察人数较少，主要处理大的事件，像钱包丢失这样的事情是不会管的。更重要的是，新西兰的小偷和抢劫财物者基本上是土著毛利人，这些人不好管，警察也不想多事。据林导讲，毛利人小偷十分嚣张，他们不但在购物店和大街上行窃，而且在各个旅游点行窃，甚至于公开抢劫。比如在奥克兰的伊甸山公园和独树山公园，就多次发生抢劫案，许多停放的汽车玻璃被砸碎，财物被洗劫一空。更有甚者，他们连汽车后面的拖车都一并拉走。警方对此也是一筹莫展。看来，小偷的问题也是一个全球性的问题，不劳而获是人类本性中的一部分，古今中外，没有例外。

后　记

为了进一步提升衡阳师范学院的办学水平和办学内涵，衡阳师范学院党委研究决定，从2012年开始，组织各个院系的院长、主任以及相关业务部门的主要负责人分期分批地赴欧美等西方发达国家考察高等教育情况，以开阔眼界，吸取先进的办学经验、办学理念以及高校管理方法。2014年，因群众路线教育实践活动的开展，考察活动中断。

本人幸运地于2013年4月21至4月30日参加了衡阳师范学院赴澳大利亚和新西兰高等教育考察团的活动。考察团由校党委书记许金生教授带队，成员有副校长童小娇教授（现已调任湖南第一师范学院副校长）、国际交流处处长赵湘教授、计算机科学系主任魏书堤副教授、高教研究所所长邓玉久副教授和我（学报主编、教授），一行共6人。考察时间为10天，实际在澳大利亚和新西兰的时间为8天。在澳大利亚参观考察的城市分别为悉尼和墨尔本，考察的高校为纽卡斯尔大学；在新西兰考察的城市为罗托鲁亚和奥克兰，考察的高校为新西兰国立理工学院。整个考察过程中一帆风顺，非常成功，达到了预期的计划和效果，与这两所大学均签订了有关合作办学协议。

因为是有着考察任务和目的的，不是旅游，所以本人在整个考察过程中，比较用心地去看、去听、去想、去记，10天时间里记录下了2万字的笔记。回来后经过整理、补充，再查询有关资料，结合自己的心得，写成了这本20万字的考察记，作为这次澳大利亚和新西兰之行的成果。

本书是按照考察的行程顺序来展开的，基本上是自己的见到和感受到的东西。按照古罗马政治家、军事家恺撒的说法是“我到、我见、我胜”，而我是“我到、我见、我闻”，不是我们考察的东西不记，不是我们考察的地方不记。因此，本书的记载是真实的，而非虚构。

本书虽然定名为“走进澳新——澳大利亚新西兰高等教育考察记”，但实际上不仅仅是澳大利亚和新西兰的高等教育状况，更多的是有关澳大利亚和新西兰的一些历史地理、风土人情方面的内容，其中也涉及一些动植物方面的知识。因此，它也可以作为一种通俗性的读物来看待。

本人的专业是历史学，而且研究的是世界史方向，所以书中的历史问题比较专业化，也体现了历史学者的求实求真精神。当然，由于不是专业研究论著，书中有些成果的借鉴并没有列出参考文献和参考目录，因此还请有关学者和读者们的谅解。

本书原计划于2014年5月1日前，即考察1周年完成。后因群众路线教育实践活动中事情较多，所以一直到年底才完成初稿。初稿出来后，自己在诸多方面觉得不甚满意，进行了较大程度的修改，才形成了现在的书稿。

感谢衡阳师范学院的领导给了我这一次考察的机会，感谢我们的考察团队，也感谢澳大利亚和新西兰各方面的热情接待。没有他们的帮助和这次出行机会，也就没有本书的诞生。

2014年12月初稿

2015年5月二稿

2015年7月三稿

张齐政2015年7月于衡阳师范学院观湖轩